乱局
变局
和格局

乔依德 —— 主编

中国出版集团
中译出版社

图书在版编目（CIP）数据

乱局、变局和格局 / 乔依德主编 . -- 北京：中译出版社 , 2022.3

ISBN 978-7-5001-6765-5

Ⅰ . ①乱… Ⅱ . ①乔… Ⅲ . ①中国经济—经济分析 Ⅳ . ① F12

中国版本图书馆 CIP 数据核字（2021）第 207694 号

乱局、变局和格局

主　　编：乔依德
策划编辑：于　宇　方荟文
责任编辑：于　宇　方荟文
出版发行：中译出版社
地　　址：北京市西城区新街口外大街 28 号 102 号楼 4 层
电　　话：（010）68359827；68359303（发行部）；
　　　　　68005858；68002494（编辑部）
邮　　编：100088
电子邮箱：book@ctph.com.cn
网　　址：http://www.ctph.com.cn

印　　刷：北京中科印刷有限公司
经　　销：新华书店
规　　格：787mm×1092mm　1/16
印　　张：22.5
字　　数：223 千字
版　　次：2022 年 3 月第 1 版
印　　次：2022 年 3 月第 1 次印刷

ISBN 978-7-5001-6765-5　　　　定价：68.00 元

版权所有　侵权必究
中 译 出 版 社

前　言

2020年突如其来的新冠肺炎疫情席卷全球，不仅给人类带来了巨大的生命财产损失，而且打乱了人们日常工作、生活的节奏。我所在的上海发展研究基金会的工作同样也受到影响，不过相比其他企业和部门，本基金会受到的影响还是比较小的，这与我们的工作性质有关。围绕发展问题、组织各种研讨活动是我们基金会作为一个非营利性、公益性学术组织的主要工作之一。在新冠肺炎疫情发生以后，我们并没有停止这些活动，只不过形式有所变化，其中一部分的活动采用了线上或线上线下结合的形式。

现在，在此基础上，我们把以往一年多时间里组织的活动、与其他机构共同组织的活动，以及我们参与活动的主要内容分门别类整理出来，汇编成书。关于本书的书名——《乱局、变局和格局》，"乱局"和"变局"很好地概括了当前全球所面临的现状和问题，"格局"则主要指我国构建双循环的新发展格局以及未来全球可能出现的新格局。

（一）

"乱"相对于"秩序"，"秩序"意味着有序、平稳、和谐，那么，"乱"就是无序、扰动、错乱。

第一个乱局当然是新冠疫情的暴发和蔓延。其暴发的根本原因在于，人和自然和谐相处的局面被打破了。造成这一灾难的根本责任在于人类本身。人类由于贪婪，一味地寻求发展和肆意进取，破坏了自然界的生存法则和自然界有序的变化。所以这次疫情，在某种意义上，也正是对于人类的这种盲目、愚蠢行为的一种惩罚。从人类发展历史来看，40亿年前，海洋中的一个单细胞，经过千辛万苦，演变至今。此次新冠肺炎疫情只是人类漫长历史中的一个波折，相信人类能够迈过这一道坎，继续生存和发展下去，但是我们必须牢牢记住这一惨痛的教训。

第二个乱局是指近年来出现的逆全球化的思潮和行为。经济全球化是指商品和各种生产要素更为自由地跨越边界在各个国家之间流动，这样一种现象符合经济发展的规律，也是全球生产力发展的需要。它已经并将继续改善各国人民的生活水平，但是经济全球化也需要管理、爱护，需要各个国家用各类政策给予配合和支持。不幸的是，有些国家没有采取必要的措施，使得原本已经出现的贫富差距更加扩大，导致中产阶级尤其是底层中产阶级不仅没能从经济全球化过程中获得好处，反而受到了伤害。他们或是失去工作，或是收入水平不升反降。逆全球化这一"肥沃的土壤"使得有些国家,特别是美国政府采取种种保护主义的措施,通过增加关税等借口阻碍生产的自由流动,使得好不容易建立起来的全球生产链出现了断裂、破裂的现象,对提高全球生产力及至各国人民的生活水平产生了巨大的影响。

第三个乱局就是近几年来全球地缘政治形势恶化。尤其是美国特朗普政府上台以后,中美关系急剧恶化。特朗普先是执着于纠缠与中国的贸易赤字,同时又对华为、中兴等高科技公司进行打压。2020年新冠疫情暴发以后,特朗普先是称赞中国应对迅速,然后翻脸"甩锅"中国,从政治、外交、经济、科技等各方面全面打压中国,屡次试图触及中国核心利益的红线。拜登政府上台以后,虽然在局部的做法和语调上有所缓和,但是把中国当成假想敌这一根本战略方向没有根本的改变。拜登政府更着重于拉拢盟国和伙伴国,着重以人权为借口,干涉中国内政,对中国进行全面围堵。建立"四方安全对话"、美英澳核潜艇计划、召开"全球民主峰会"等一系列所作所为,就充分说明了这一点。所以,中美关系经过风风雨雨,已经到了一个新的转折关头。以往说的中美关系好好不到哪里,坏也坏不到哪里,这一页已经翻过去了。今后的中美关系蕴藏着巨大的不确定性,甚至有失控的危险。最近,美国和西方的一些有识之士纷纷撰文指出,美国的问题是在于其本身,并不在于外部的所谓威胁,认为美国必须把重点放在解决自身的问题上,这才是根本的出路。不过,这些声音是否为美国的决策者所接受,恐怕还是不能抱有过多的希望。因此，中美关系这样一种紧张博弈的局面可能还要持续二三十年，对此我们要有充分的思想和各个方面的准备。我们对美的方针仍旧是"不冲突不对抗、互相尊重、合作共赢"。要保持清醒，敢于斗争，善于斗争，在维护国家核心利益的前提下，努力争取中美关系在不失控的情况下，竞争合作，因为这是我们的根本利益之所在。

上述的三个乱象或乱局并不是孤立的，它们之间是互相影响的。新冠疫情的暴发进一步揭露了本来已经存在的逆全球化思潮和地缘政治恶化，并将其推向更严重的局面。本来，它可以给全球带来新的合作机会，但由于逆全球化思潮和地缘政治恶化，反而使得疫情的防治出现了割裂的局面，让疫情雪上加霜。相比之下，2008—2009年全球金融危机爆发，当时整个国际社会能够团结起来，扩大了G20，增强了其功能，共同应对。回想至此，人们不免有恍如隔世之感。

乱，虽然给人类社会各个方面带来了负面影响，但是它也不是绝对的坏事。乱，暴露了问题，使得人们能看到问题所在，为解决问题创造了条件。俗话说，"大乱之后，必有大治"，我们还是应抱着这样一个心态，冷静对待，希望和催使"钟摆"能够摆回来。

（二）

"百年之大变局"——这是最近人们常常说的话，如何进行解读？可以从"变"的结果对人类进步的影响层面来进行分析，也可以从政治、经济、国际关系等层面进行分析。

从全球的政治版图来看，如果说第一次世界大战（以下简称一战）促使一些老牌帝国如沙皇俄国、奥斯曼帝国、奥匈帝国分崩离析，第二次世界大战（以下简称二战）导致一些原来的殖民地纷纷独立，那么冷战以后，虽然美国成了世界霸主，但是世界已经呈现出多极化的趋势。中国、印度等新兴发展中国家崛起，改变了世界的政治版图，形成了美、中、俄、欧四强的局面。从经济格局来看，由于经济规律使然，发达国家的跨国公司出于寻求更大利润空间的目的，纷纷外迁，而发展中国家又实行了对外开放的战略，欢迎国外直接投资。这样，全球产业链出现了重组，变得更有效率。在这个过程中，发展中国家获得了一定程度的发展，截至2020年，G7国家在全球GDP的占比从1971年的71.5%下降到现在的43.3%，而发展中国家的占比逐步提高，已经将近50%。这样一种此消彼长的变化虽然是循序渐进的，但是它对全球的影响是巨大的，已经并将继续改变全球政治格局乃至整个国际秩序。

英国的查尔斯·古德哈特（Charles Goodhart）和马诺吉·普拉丹（Manoj Pradhan）所著的《人口大逆转》一书，在国内外引起了极大的关注。该书的主要观点是，过去二三十年的全球人口增长将会停止，出现逆转，这会引起全球的利率上升和通货膨胀抬头。人口问题是一个重要的经济政治变量，我一直觉得，在以往的全球经济分析中有一个事实常常会被忽略或关注不够，即20世纪80年代，实行改革开放的我国、苏联解体以后的东欧以及后来的印度先后实行了对外开放政策，将近25亿人进入了全球市场，这对全球经济的影响是巨大的。一般而言，对短期宏观经济的分析，人口是给定的，可以不予考虑，但是从长期的经济发展的视角，人口问题是不应该被忽略的。尽管十年以后，全球利率是否一定会上升，通货膨胀是否一定会上升，本人并没有像该书的作者那样肯定，但是人口因素确是全球变局当中一个重要的变量。

上述变化已经并将继续对人类社会产生长远和深刻的影响，既带来了机遇，也带来了挑战。二战后形成的以美国为首的西方国家主导的国际秩序，客观地说，为全球的发展提供了有益的公共品，但同时它也存在着根本的缺陷。一方面，它偏向发达国家；另一方面，旧的秩序不能适应当前变化的新局面。1648年的《威斯特伐利亚和约》确立了世俗化的主权国家作为国际秩序的基本单位，这是人类的一个进步。历经两次大战，建立联合国，这一格局并未改变。全球化客观上要求对资本、商品、劳动、消费的跨境流动进行全球治理，这与民族国家的主权之间存在内在的矛盾，因而对当前的国际秩序进行必要的改变、改善是理所当然的。新加坡前外长杨文荣曾经说过，西方批评中国要改变现状，中国已经崛起了，为什么它不能改变现状？这是一个有趣的观察。如果说得更精确一点儿，可以说对现状的局部改变是理所当然的。这实际上也是一种变，这种变是主动的、有意识的，是对上面客观变化的某种反应。因而，我们对此应该予以积极的评价和期待。

（三）

党中央针对国内外形势的新变化，审时度势，提出了要构建以内循环为主，内外循环相互促进的新发展格局。这样一种构想不仅对于当前的经济工作具有重要的指导意义，而且也是针对全球的乱局、变局的一个战略性布局。

屠光绍先生曾经说现在的双循环实际上是新的双循环，这一说法不无道理，因为双循环早已存在，以前也曾提出过要充分利用国内国外两种资源、两种市场，但是现在提出的双循环新格局则超越了这一构想，是新发展理念的集中体现，也是新发展阶段的突出表达。

首先，它强调了内循环和外循环不是等量齐观的，而是有所侧重的，是以内循环为主的。其次，这两者不是平行的、相互孤立的，而是相互促进的。最后，内外循环的内容与以往不一样，特别是现在内外循环的内涵有了极大提升，无论是技术和商品都趋向中高端。可以这样说，构建新发展格局是我们改革开放政策的延续、微调和提升，是我们今后一段时间应该坚持执行的大计方针。

有些外国朋友对我们提出双循环的新发展格局感到困惑或有些误解，以为我们现在不对外开放了或者对外开放的程度减弱了，事实并非如此。对外开放是我们的基本国策，双循环新发展格局是在更高水平上的开放，是双向开放。我们自己对此也要有清醒的认识。尽管我国现在已经是第二大经济体，但是我们的技术和产品还是在产业链的低端或中低端，仍需要引进外资。外商能够生产国内市场所需要的中高端产品，满足人民对高质量生活的要求。而且，由于人员的流动和产品的流通，一般的技术也会有一种自然的外溢效应，尽管这些不是核心技术，但仍然是我们所需要的。此外，我国金融业开放可能有更多的金融资本进入，这对于提供老百姓所需要的金融产品、增加金融市场的活力也是大有裨益的。总而言之，坚持对外开放是新发展格局不可或缺的重要组成部分。

高质量发展是构建新发展格局的动力，也是新发展格局的内涵。高质量意味着更有效率、更加公平、更可持续、更为安全。因而，最近热议的共同富裕是新发展格局的题中之义。国家财经委员会的公报对共同富裕的本质特性、必要性以及实施的步骤做了全面、清晰的阐述。财委会办公室副主任韩秀文又进一步进行了解释，很多专家学者对如何推进共同富裕提出了一些很好的建议，这里就不再赘述了。

针对网上的一些议论，我想提出一些看法。

首先，共同富裕是我们党和国家一以贯之的目标和方针，所以任何过分的解读和引申都是没有必要的，是错误的。

其次，共同富裕的实施方式是全面的，不能过分地强调第三次分配。第三次分配只是辅助，捐赠是自愿的。要避免在舆论上造成某种攀比的压力，企业应该在承担必要的社会责任之外，将主要的精力放在如何更好地经营上。政府、企业和社会组织应各司其职，社会的运行才能和谐、协调。

最后，我国还是一个发展中国家，处于社会主义初级阶段，仍存在着城乡差距、南北差距、东西差距，有差距就意味着有发展的机遇和余地。所以，发展仍旧是硬道理。只有经济发展，才能解决就业问题。就业是最大的民生，是实现共同富裕的最好途径，对此我们必须铭记在心并付诸行动。

需要指出的是，我们对新发展格局不能仅仅从经济层面来理解，还应超越经济，从更大的全球视野和地缘政治的角度来理解。最近，习近平主席在中央全面深化改革委员会第二次会议上强调，加快构建新发展格局，是我们把握未来发展主动权的战略举措，是为了在各种可以预见和难以预见的惊涛骇浪中增强我们的生存力、竞争力、发展力、持续力，是一场需要保持顽强斗志和战略定力的攻坚战、持久战。由此可见，构建新发展格局具有重大的地缘政治意义，是针对全球乱局、变局的战略性布局。形象地说，新发展格局是一种可攻可守、可进可退的战略态势。它构建完成后，能使我们在风云变幻的国际大局当中立于不败之地。

进而言之，如果新发展格局能够构建完成，我国经济发展的基础就会更加坚实，会更有利于我们在国际风云变幻之中屹立不倒。国内新发展格局可能会带来全球的新格局，也就是说，会促使二三十年以后中美关系能够稳定下来，周边的形势能够稳定下来，经济全球化又能够重新走上顺利发展的轨道，这将有利于进一步推动人类命运共同体的建设。

最后，非常感谢参加我们研究活动的演讲贵宾和发言嘉宾，特别是周小川、尚福林、黄奇帆、刘世锦、吴晓灵、金立群、屠光绍、余永定、黄益平、亚当·珀森（Adam Posen）、阿代尔·特纳（Adair Turner）、马丁·沃尔夫（Martin Wolf），在百忙之中通过线上或线下的方式做了精彩的演讲和发言。他们的发言包含了深刻的思考、严谨的论理，使得本书有存在的意义。同时也感谢支持、参与和共同组织研讨活动的机构或组织，没有它们，就不可能有上述活动，也就不可能有本书。它们是：中国国际金融30人论坛、上海国际经济交流中心、浦发银行、上海美国问题研究所、复旦大学经济思想与经济史研究所、复旦大学发展研究院、北京当代经济学基金会、德国艾伯特基金会上海代表处、2050中国与世界论坛。

乔依德
上海发展研究基金会副会长兼秘书长

目 录

第一篇

破冰先行的中国经济：
新阶段、新理念、新格局

结构性潜能与相配套的改革开放　刘世锦 / 003
我国要素市场改革的潜在红利　黄奇帆 / 017
双循环和中国发展战略的调整　余永定 / 031
新的"双循环"格局与金融服务功能　屠光绍 / 041

第二篇

货币和货币政策：破茧和守正

货币政策设计需要考虑通货膨胀的测度变化问题
　周小川 / 057
从传统货币理论与现代货币理论的分歧看财政政策与货币政策的协调　吴晓灵 / 063

货币主义与美联储的量化宽松　余永定 / 069
如何认识数字货币的理想与现实　杨涛 / 079
民间稳定币对货币政策和资本管制的影响　马骏 / 087
Libra 退够了吗
　——信用货币时代的数字货币和法定数字货币
　　乔依德 / 093

第三篇

赤字货币化和现代货币理论：思辨和探索

非常规货币政策与赤字货币化　阿代尔·特纳　黄益平 / 103
关于"赤字货币化"的基本认识　贾康 / 121
财政赤字货币化还是结构性宏观政策　周皓 / 127
现代货币理论的争议与借鉴　陈道富 / 133
破除对现代货币理论的常见误解　李黎力 / 139
关于当前如何加强财政政策和货币政策配合的问题的思考
　　周诚君 / 145
跨周期调节下的财政货币政策协调　管涛 / 155
现代货币理论的缺陷
　——基于财政视角　孙国峰 / 163

第四篇

国际风云变幻：乱局和变局

中美关系依然复杂严峻　周力／179
战略竞争是美国对华关系的基调　吴心伯／187
美国大选后中美关系发展趋势　时殷弘／193
民族主义的起源、性质和未来　赵鼎新／201

第五篇

全球金融治理：挑战和开放

金融对外开放：认识、特征和风险　尚福林／211
国际金融体系改革和中国影响力　金立群／221
全球金融大变局及其含义和影响　乔依德／237
人民币汇率改革与资本账户开放的新权衡　张明／243
新形势下中国跨境资本流动现状与展望　孙明春／251
以平常心看待美联储货币互换计划　乔依德／259

第六篇

重建世界经济：困境和途径

重建全球经济：有或没有中国或美国　亚当·珀森 / 267

全球经济的复苏与转型　史蒂文·巴奈特 / 275

疫情对全球化的影响　马丁·沃尔夫 / 287

疫情对中国和世界经济的影响　邵宇　徐明棋　夏春 / 293

新冠肺炎疫情对欧洲经济的影响　塞巴斯蒂安·杜林 / 313

新冠肺炎疫情过后全球面临的 20 个 "D" 字挑战　夏春 / 321

全球价值链中的风险、回弹与再平衡　华强森 / 331

经济全球化和国际规则的再审视　乔依德 / 337

第一篇

破冰先行的中国经济：
新阶段、新理念、新格局

结构性潜能与相配套的改革开放 *

刘世锦　全国政协经济委员会副主任
中国发展研究基金会副理事长

一、中国经济增速问题

目前经济形势的背景是比较清楚的。中国经济首先受到疫情的冲击，但它是率先恢复的，而且恢复程度基本上符合预期，也有一些亮点。比如说，2020年年初时，我们都认为出口很可能受到大的冲击，但出乎意料的是，2020年中国的出口表现非常出彩。原因是什么？国际方面对防疫产品出口确实有一些新的需求，但最重要的还是中国出口企业反应迅速，市场能力已经形成。改革开放40多年来，中国的整个市场基础已经改变了。

2020年第三季度中国经济增速是0.7%，全年可争取2%左右的增长，2020年世界主要经济体中只有中国正增长。从增长

---

* 2020年12月10日，上海发展研究基金会举办"2020中国经济论坛"。本文是刘世锦先生在论坛上的发言。

速度来讲，7%—8%甚至更高一点都是可能的。但是说到这个数字的时候，很多人会有误解：中国经济是不是又要重返高增长的轨道？不是，这就是一个统计学的问题。因为2020年基数低，增速为2%，本来预计要增长5%—6%的。2021年如果恢复到正常的水平，最后的增长速度统计下来应该在8%以上，所以这是一个恢复性的增长。2020年本来应该增长但没增长的部分是回不来的，2021年恢复到正常增长就可以了。

但是2020年有一个特殊情况，2020年中央并没有提出一个增长指标。2021年怎么办？大家都在讨论这个问题。我本人提出了一些看法，建议采取"就业指标打头，GDP指标收尾"的指标体系。为什么特别强调就业指标呢？因为这么多年一直说GDP增长，其实稳增长就是为了稳就业，增长背后就是就业。现在能不能让就业站到前面呢？发达经济体在讲经济形势的时候，都是将就业指标放在第一位的，中国能不能也把这个指标推到前台？另外，从宏观经济学的角度来说，就业也是能够全面衡量全社会资源配置状况的指标，也就是说就业情况好的话，整个资源利用效能就会比较高。我认为这个指标如果有的话，应该是一个硬指标，应该是一个力争完成的指标。

目前这个就业指标是什么情况呢？我们现在有一个指标是城镇调查失业率，还有一个是每年新增就业人数，并没有一个全国性的城乡统一的衡量就业情况的指标。为什么没有呢？过去我们是二元经济，很多人还在农村，农村人的就业情况很难统计，存在大量的潜在失业，所以只能统计城里的就业情况，农村就业情况就无法统计了。但是现在情况已经有了很大提升，中国城镇化率已经达到了 60%。更重要的是，我们的统计能力已经有了非常大的提升。所以我认为，2021 年把就业指标推到前台是因为我们现在已经有了这样的条件。

这个指标有了以后，我们还应该有一些其他的指标，包括一些年度性指标，比如人均国民收入、物价水平、宏观杠杆率。新冠肺炎疫情以来宏观杠杆率上升了 20 个基点。中国经济高质量增长，怎么衡量全要素生产率？单位 GDP 碳排放强度这个指标特别重要，中国现在提出了"3060"的目标。但 GDP 肯定还要重视，它是社会的伟大发明，是全世界公认能够衡量一个国家经济总体状况的指标。

最近中央关于"十四五"规划的建议提出了一个目标，就是到 2035 年人均国内生产总值要达到中等发达国家的水平。另外，今后 15 年我们有没有可能实现 GDP 再翻番？这个可能性还是存在的，但是中央没有在"十四五"规划中直接提出来，因此我们不要过度追求 GDP。今后 15 年，如果 GDP 要翻番的话，每年需要增长 4.7%。那么，什么标准是中等发达国家水平？按照目前的标准，人均 GDP 达到 17 000—18 000 美元就能跨越发达经济体门槛。发达国家的平均水平是 30 000 美元，中等发达国家是 20 000 美元。最近一些研究称，如果中国要在 2035 年达到中等发达国家人均 GDP 水平，假定汇率基本不变，或者小幅增长，GDP 增速 6% 能达到葡萄牙的水平。有这个可能吗？这是否意味着中国不能跻身中等发达国家的行列？我觉得没有那么悲观，还是有很大可能性。

根据宾夕法尼亚大学发布的PWT9.1数据库资料，我们的研究团队初步测算，2019年我国按购买力平价*计算的人均GDP（以2011年为不变价）约为14 682国际元，相当于日本1975年的水平、德国1971年的水平。从1975年到1991年的16年间，日本实际GDP年平均增长4.4%，日元兑美元汇率年平均升值5.1%。日本实际GDP累计增长199.6%，日元兑美元汇率累计升值220.3%。从按美元计价的日本人均GDP增长来看，日本GDP实际增长的贡献约为47.5%，日元兑美元汇率升值的贡献约为52.5%。德国也是如此，从1971年到1987年的16年间，德国实际GDP年平均增长2.3%，德国马克兑美元汇率年平均升值4.3%。德国实际GDP累计增长143.2%，德国马克兑美元汇率累计升值195.1%。从按美元计价的德国人均GDP增长来看，德国GDP实际增长的贡献约为42.3%，德国马克兑美元汇率升值的贡献约为57.7%。

从日本和德国的情况来看，和领先国家相比，人均收入水平缩水，汇率增值的贡献要大于经济增速的贡献。我想说的是，我们要实现15年达到中等发达国家人均GDP水平，没有8%—10%的增速是不行的，虽然这个速度实际上不可能达到，但也没有必要悲观。其实这不是问题的关键，关键是我们要关注汇率的升值，它的贡献将来可能更大。汇率的核心问题是什么？

---

* 购买力平价是根据各国不同的价格水平计算出来的货币之间的等值系数。

是提高要素生产率,也就是提高经济增长的质量。汇率升值的原因非常多,我这里是把它高度简化了,但是它一定和劳动生产率、经济增长率这两个因素高度相关。如果我们把这个问题解决得比较好,像日元一样在 16 年间升值 2—3 倍,那么我们达到中等发达国家的平均水平还是有可能的。也就是说,我们的注意力还是要集中到提升经济增长的质量上。

中国目前的正常状态是什么呢?是中速增长,中国已经跨过高速增长的阶段,正常状态就是 5%—6% 的中速增长。我的这个观点是一贯的,原因是潜在增长率的下降。当然这个问题也有很多争议,很多人认为中国还能保持高速增长。我也希望高速增长,但是研究者要尊重规律,规律告诉我们这是不可能的,现实就是中速增长。原因是什么?因为可利用的前沿技术已经不多了,人口和劳动力结构也发生了变化。所以,中速增长平台现在已经形成了,根据国际经验来看,有望能保持 10 年,这就会为 2035 年目标打下一个重要的基础。

二、宏观政策问题

我认为,随着经济逐步回到正常状态,宏观政策也应该回归常态。2020 年由于特殊的情况,我们确实施行了比较特殊的宏观政策。中国的财政和货币政策的放松幅度很可能低于一些人的预期,但是这个幅度基本上满足了经济的需要。所以有人说货币政策是不是要收紧,但其实也没有放得特别松,这是一个基本状况。回到正常状态不意味着一定要收紧,而是需要松的时候就松，需要紧的时候就紧。从目前的情况来看，短期之内回归正常状态并不意味着明显的收紧。我们现在要注意一些表现，比如最近大家在谈房地产和股市会不会出现泡沫，以及最近的信用债"爆雷"和地方债的问题。我们希望能有一个解决这些问题的空间和时间。宏观杠杆率已经升了20多个百分点了，其实没有必要再把它提高，应该逐步稳住，逐步往下降，这些都是保持长期稳定所必需的。

我们经常讨论很多宏观政策问题，开会时媒体也都问，货币政策、财政政策到底要调整到什么程度？这就给人一种感觉，中国经济增长就得靠宽松的宏观政策。这里面包含了一个很大的误判。中国之所以能保持经济高速增长以及现在的中速增长（起码最近几年在5.5%左右，明显比发达经济体要高），是因为我们还有结构性潜能。所以，中国经济逐步回到正常状态以后，宏观政策也要回归正常状态，中国经济下一步真正要稳定增长，关键还是要关注结构性潜能。我们的结构性潜能已经发生了很大变化，基建、房地产、出口这些结构性潜能中的一部分在减弱。中速增长期的结构性潜能到底怎么样？怎么发掘它？这是我们现在最应该关注的重点，但是大家反而有时候不太关注这个问题，或关注得不够。

速度的问题很容易造成数字幻觉。我们现在的经济增速和前些年相比已经下降了，但是基数每年都在加大，我们每年经济的新增量是相当大的，位居世界首位，只是相对于基数的比重较少。举个例子，2019年经济增长6%，去除价格因素后，把新增量放在2000年相当于增长30%，放在2010年相当于增长11%，其实量都是很大的。那么中速增长这么大的增量到底从哪儿来？这对我们来说是一个很大的考验。

三、结构性潜能

什么叫结构性潜能？是指中国作为一个后发经济体，在技术进步、产业结构、消费结构和城市化进程等方面的发展潜能。

第一是追赶或跟跑的潜能。我们现在人均GDP是1万美元，跟发达经济体相比还有一定差距。这代表着什么？这代表着我们现在要做的，他们已经做了。近年来，我们发展得很快，所以现在讲得比较多的是"赶超"，很少有人说"追赶"或"学习"了。但我觉得还是要学习，别人有很多经验教训，学一学我们会进步得更快，而且成本很低，为什么不学呢？所以还是要谦虚一点，把身段放到一个合适的水平上去学习。

第二是新涌现的潜能，主要是数字经济和绿色发展，这方面我国与发达经济体同步，有可能实现并跑甚至领跑。

针对结构性潜能，我提出了"1+3+2"的框架。"1"是以都市圈城市群发展为龙头，为我国下一步中速高质量发展打开空间；"3"是在实体经济方面补上我国经济循环过程中新的三大短板；"2"是指数字经济和绿色发展，这是全球性的、比较新的领域，中国在这方面具备一定的优势和增长潜能。

简单地说，"1+3+2"就是一个龙头引领，补足三大短板，两个翅膀赋能。

具体来说，三大短板是什么？

一是基础产能效率不高的短板。能源、物流、交通、金融、通信等基础产业领域还不同程度地存在短板。解决这个问题有什么意义？我们一直讲要降成本，每个企业都要降成本，但最重要的成本是全社会的成本，所以要打破垄断，鼓励竞争，最后降低全社会的基础性成本。

二是中等收入群体规模不大的短板。我国月收入在1 000元左右的大概有3亿人，2 000元左右的大概有4亿人，还有2亿多人的收入在2 000—3 000元。如果月均收入突破3 000元，就基本上进入了中等收入群体。所以，中国下一步要扩大中等收入群体，或者提高中等收入群体的消费能力。有4亿人已经成为中等收入群体，确实应该提高他们的收入，这也是对消费很重要的一部分。但更重要的是，要让这4亿人之外的人进入中等收入群体。中等收入群体用10到15年时间再翻一番，从现在的4亿人变成8亿—9亿人，让3亿—4亿低于中等收入的人进入中等收入群体。这个问题解决了，消费问题就解决了。

三是基础研发能力不强的短板。在科技领域，我们正在面临美国要脱钩的压力。美国在"卡脖子"，但是我们也应该回头看一看，我们内部有没有"卡"自己"脖子"的地方，就是所谓的瓶颈。不论从科研领域创新的角度，还是从整个国民经济的角度来看，很明显有一个"卡脖子"的环节，就是基础研发、源头创新能力不强。虽然近年来我们已经取得了很大进步，包括数字经济领域，但是还很不够。有观点认为，我国当前主要是研究应用，源头创新、技术研发还是与欧美国家有一定差距。我的观点是，如果你不去做基础研究，别人就会"卡"你的"脖子"。另外，基础研究是一个环境。基础研究是水，水涨船高，没有水的话，船是升不上去的。如果我们不能在基础研究领域站到第一梯队，应用能否做成世界领先恐怕要打一个很大的问号。所以中国基础研究这个"卡脖子"问题如果不解决，可能创新一段时间就没后劲了。

四、实现结构潜能所需要的配套改革

当然有人会说，经济增长靠的是消费、投资、进出口，你讲的和这些有什么关系？从国民经济分析的角度，从国民经济核算体系的角度，你得看消费、投资、进出口是从哪里来的，我讲的是中速增长的来源，消费、投资、进出口在这里面全包含了。"1+3+2"的潜能中国是有的，但是能否充分利用起来，正是目前需要解决的问题。我们往往受到很多限制，看得见但抓不住，这就涉及相配套的改革开放。

第一，就是农村土地制度改革，这对大都市圈的发展特别重要。要推进农村集体建设用地入市，其中比较重要的一点就是宅基地问题。十八届三中全会明确指出，农村集体建设用地和国有土地是同价同权同等入市，同时也要创造条件逐步让宅基地进入。最近几年我们也在组织各种各样的试点，因为村宅基地只能在一个村的范围内流转，但真正需要的是外村的人，而跨村流转现在是不允许的，对此有很大争议。前段时间发改委也发布相关文件指出，还是要创造条件让宅基地流转。现在各地政策不一样。有人说，宅基地如果流转的话，可能损害农民利益，有的农民拿来钱就去喝酒了，晚上就没有地方住了。这里涉及怎么认识农民的问题，那种人有没有呢？100个人里可能就有一两个人，农村一定有，但是这种人在城市里就没有吗？也有。大部分农村的人都很清醒，可以对自己负责，不会去做那些事。

第二，要推动空间规划和公共资源配置改革。这里涉及城市规划问题。我们总说大城市人太多，那么一个城市到底应该有多少人？是城市规划者说了算，还是有另外的力量在决定人口多少？我跟有关部门讨论过这个问题，我发现他们的文件里"市场"这个词出现的频率极低。但我认为，我们还得重视市场。什么是市场力量？最明显的市场力量就是人口流动，人口流动是老百姓用脚投票的结果。最近几年，人口增长最快的，或者流入最多的是哪些城市呢？是杭州、深圳这些城市。所以我认为，我们在进行空间规划、城市规划时，还是要尊重市场的力量，尊重市场的信号，按照人口流动的方向、规模来配置资源，包括分配用地指标、财政补贴资金，并且按照人口布局的变化调整城市规划。

第三，石油天然气、电力、铁路、通信、金融等基础产业领域，在放宽准入、促进竞争方面要有一些标志性的大动作。把这些领域放开，鼓励竞争，可以产生很多新的投资需求，更重要的是可以降低全社会的成本。

第四，政府的产业政策应该向营造高质量竞争环境转型。

产业政策这个概念，其实可以把它换成营商环境政策和要素提升政策，这样可能更符合我们这个阶段高质量发展的需求。所以各级政府不应该再把生产什么、如何生产、投资和设备规模作为准入条件，而应该加大力度防止"寻租"和腐败行为，大幅度减少或取消产业补贴，提高必要补贴的透明度，使之符合公平竞争原则。

一要加快基本公共服务的均等化，健全财政转移支付。要关注户口和义务教育问题，农村社保和城镇居民的社保要逐步衔接。分期建设主要面向外来人口（特别是农村进城人口）的安居房工程。健全社保体系，加快实现全国统筹、异地结转，增加便利性，提高劳动者的利益。

二要深化高水平的大学教育和基础研究领域的改革。能否设立新的特区？当年我们在深圳设立经济特区，现在需要设立高水平大学教育和研发特区。能否在杭州、深圳等一些内地城市，像当年设立经济特区一样，突破现有体制机制政策的不合理约束，在招生、人员聘用、项目管理、资金筹措、知识产权、国籍身份等方面实行特殊体制和政策？我们应该采取设立特区这类的方式，更多地推出新型的高水平研究型大学和研究机构。

三要解决科技"卡脖子"的问题。现在讲新型举国体制，比如用"英雄榜"的方式引入竞争机制，重点向民营经济开放。

四要发展数字经济，数字经济与现在讲的新基建紧密相关，老基建基本上是提供公共产品和准公共产品，而新基建是以数字技术为主的带有平台性质的一些项目，与老基建的投资机制、回报机制完全不一样，不适合作为短期刺激政策的工具。

五是绿色发展也是一个大题目，是新风口。习近平主席代表中国向国际社会承诺了要做到"2030年碳达峰、2060年碳中和"。将来我国要做到零碳增长，我们的发展理念就要有实质性的转变。碳中和目标将引起中国社会的变化。有人说，距离2060还有40年呢！40年确实比较远，但是我们从现在开始就要倒排时间表和路线图。所以我认为，这将会给中国带来一场伟大的绿色技术革命、一次伟大的发展方式转变，这是势在必行的。但这里需要解决的问题很多，包括经济核算的问题、技术推广的问题，最重要的是建立一套新的国民经济核算方法和生态责任账户体系。

第五，进一步对外开放，实际上全球化就是全球市场体系的发展，或者说不同国家市场经济体系之间的竞争。中国是全球化的受益者、倡导者、维护者，在全球市场体系发展竞争中，我们不应该落在后面，也不能满足于挤在中间，而应该站在前面，占领制高点，起引领作用。零关税、零壁垒、零补贴这三项政策，我们应该把它推出去。要真正推行这件事难度非常大，但是这很可能是一个方向，而且我们站上这个制高点以后，就占据了主动。需要强调的是，我们的对外开放是制度规则型的开放。怎么来推动制度规则型的开放？应该要力争第二次入世。中国已经签署了《区域全面经济伙伴关系协定》（RCEP），习近平主席也宣布中国正在积极考虑加入《全面与进步跨太平洋伙伴关系协定》（CPTPP），因为CPTPP是比RCEP水平更高的区域合作组织。这就涉及国际谈判中的一些难点和焦点问题,比如打破行政性垄断、公平竞争、保护产权(特别是知识产权)、国资国企改革、产业政策转型、改革补贴制度、转变政策职能、维护劳动者权益、保护生态环境和绿色发展。我们要转入高质量发展,这些事必须要做,我们要通过高水平开放加快发展。

最后,改革需要顶层设计。顶层设计是指方向,就是往东、往西画底线,明确什么事情不能做。什么做法适合我们这个国家、这个地区、这个行业、这个企业的实际?还是要调动各个地方、企业、个人的积极性和创造性,所以还需要摸着石头过河。有人说中国改革开放40年了,还要摸着石头过河吗? 20世纪80年代有20世纪80年代的河,现在这条河不一样,我们还得摸着石头过,还得探索。具体应该怎么过,踩哪几块石头,还得调动地方基层和个人的积极性。所以要加快重点领域的改革进程,使各个方面的增长动能得到释放,使中国经济有活力、有韧性、可持续地高质量发展。

我国要素市场改革的潜在红利 *

黄奇帆　中国国际经济交流中心原副理事长
重庆市原市长

2020年4月9日,党中央国务院出台了一个极其重要的文件——《关于构建更加完善的要素市场化配置体制机制的意见》(以下简称《意见》)。这个文件讲到五个要素:土地要素、劳动力要素、资本市场要素、技术市场要素与数据资源要素,并介绍了这五大要素市场化配置的有关决定。

一、《意见》的重要性

我认为这份《意见》的重要性表现在三个方面。

第一,它是对新时代中国特色社会主义市场经济改革进一步发展具有里程碑意义的决定。

---

* 2020年6月19日,上海发展研究基金会举办"2020世界和中国经济论坛——疫情冲击下的中国经济"。本文是黄奇帆先生在论坛上的发言。

第二，它是在供给侧结构性改革中，围绕着具有重大潜力、重大红利的供给侧问题，推动一批资源优化配置的改革措施。我们的改革一般有三种类型。第一类是行政机构的改革。比如把5个层级变成4个层级，或者将一个层级里的20个机构缩减成15个机构。这种改革能够调动积极性，提高效益。第二类是利益调整。比如对资源配置、利益分配过多的一部分进行调整，调整以后形成更合理的分配关系。这两种改革都是有效的，都是必要的，在整个发展过程中经常要考虑这方面的措施。但是我们改革开放最深刻的一面，是围绕供给侧结构性的、体制性的方面进行改革，即第三类改革。这种改革会对经济的长远发展产生体制、机制以及结构性的作用，使得资源优化配置、生产关系调整以后产生新的生产力。五大要素市场的改革就属于这种性质，代表我们国家改革开放进入了一个新的深水区。

第三，这次改革开放实际上代表了更高水平、更高目标、更高层次的改革，是要素范围的改革。这种改革宣示着党中央、国务院在新冠肺炎疫情下，深入推进改革开放的决心。我们向全世界宣示，中国改革开放没有停，且正在推进更深层次、更高水准的改革开放。

具体来讲，改革开放首先是更高层次的市场经济的改革。我们说社会主义市场经济改革，不仅是商品和服务市场机制的改革，或商品和服务的定价机制、竞争机制、供求机制的市场化改革，而且更重要的、更基础的是对要素市场进行市场化的改革。我们国家在40年前，商品和服务价格的97%都是由行政指令控制的，到今天，整个中国97%以上的商品品种都是由市场决定的，在商品范畴的市场化体制改革应该说是比较彻底、比较到位的。但是，我们在更深层次、更基础的要素市场方面的改革实际上还没有到位。现在看来，我们国家的要素市场主要还存在四个问题。

第一，要素市场发育不足。不管是土地市场、劳动力市场，还是资本市场，凡是要素市场都没有发育完全。比如资本市场，一般资本市场发育到位后，其市值与GDP之比应是1∶1。我国经过30年的资本市场发展，已经成为世界第二大资本市场，但是目前我国资本市场的市值是50万亿元人民币，相当于100万亿元GDP的50%，资本市场实际上还没有发育到位。

第二，各种要素市场的市场化资源配置不到位。所以，中共中央发布《关于构建更加完善的要素市场化配置体制机制的意见》，直接点出我们的要素还不是市场化配置。市场化配置是由市场来决定要素的使用，由市场发挥决定性的作用。

第三，要素市场各种要素的城乡流动、企业间流动还有障碍。

第四，市场要素的定价机制还没有到位。我国97%的商品价格是市场来定的，但是要素的价格还是由非市场因素决定得比较多。

所以这次中央提出的改革要求就是，要尽力克服五大要素市场在以上四个方面的问题，这是极其重要的改革。

要素市场往往是一个地区、一个城市或者一个国家竞争能力中的核心能力。比如城市之间的竞争比的是金融中心、贸易中心、经济中心。决定这三个中心的很重要的一点是，这个城市的要素市场是否具有区域中心市场的功能、国家中心市场的功能或者全世界中心市场的功能，如果具有，条件就到位了。

要素市场一般具有五种功能。第一，它有规范市场、持续公开公平公正交易的功能。第二，要素市场有资源优化配置的功能。第三，要素市场由于大规模的交易会形成一种定价机制，如果向外推展，这个城市要素市场的定价就是全国的价格，甚至是全球的价格，具有对全国或者全球范围内的一种要素进行定价的能力和机制。第四，要素市场有大规模的买和卖，就会产生资金的集聚和分散，形成资金的枢纽、资金的中心。第五，配合前面说的四种功能，要素市场需要大量的法律、会计和审计工作人员，还需要有大量的信息、决策、判断、中介机构的人员，大量的人才和信息都在这里集聚，所以它往往也是人才和数据的集聚中心。

如果全国土地交易、劳动力交易、金融市场交易、股票市场交易集聚在某一个城市，这个城市自然就会有更多强大的发展动力。要素市场发展好了，对一个地区来说是代表地区的竞争力，对一个国家来说是代表国家的竞争力。

在40年前，我们国家的各项指标都相对落后，我们当时的GDP只占全球GDP的1%，人均GDP才200多美元。经过40多年的发展，我们的经济综合国力已经是全球第二了，工业生产能力是全球第一，进出口贸易量也是全球第一或第二，各种指标都伴随着综合国力一起发展。虽然我国经济已形成这么大的规模,但是要素市场在世界上并没有太高的地位。我们股票市场现在的资本量有 50 万亿元,是世界第二大的股票市场,但是影响力排在第 10 名以后。外国资本市场的涨跌会影响各国,我国资本市场的涨跌则不太会影响欧洲、美国市场。在这个意义上,中央这次的文件如果落实到位,10 年以后也许中国资本市场的涨跌也会给世界要素市场带来重大影响。到那时,要素市场就会成为中国在世界经济竞争中的核心竞争力之一。

如果五大要素市场的改革能到位,每一项每一年都会产生 1 万亿到 2 万亿元的红利,这种红利表现为税收,表现为利润,表现为 GDP,表现为老百姓收入的增加。如果每一项都有 1 万亿到 2 万亿元,5 个要素市场一年就有 5 万亿到 10 万亿元,10 年就会有 70 万亿到 100 万亿元,30 年将达到 150 万亿到 300 万亿元。要素市场改革是体制性、机制性的,是长期起作用的。它本身并不需要国家花钱,只是基础制度的改革,这个改革带来的是长期的效应。这种改革就是供给侧结构性改革。

中国的调控或改革,有时候说需求侧,有时候讲供给侧。凡是属于需求侧的调控都十分重要,任何时候都需要需求侧的调控。不管需求侧调控是积极财政还是紧缩财政,货币政策是宽松或收紧,都是逆周期的调控。就像一辆汽车从上海开到南京,哪怕是走高速公路,这个车也总在不断调控,但是调控完到了南京,这辆车还是同样的车,这就是驾驶过程中必须要有的逆周期调控。新冠肺炎疫情下,国家就在进行许多的逆周期调控,疫情下的中央财政政策、货币政策都会对发展产生作用,这种作用是通过逆周期政策刺激经济，稳住经济。

供给侧结构性改革往往是在供给端、要素端进行改革，这种改革一般涉及五个供给端。第一是基础制度供给；第二是成本供给，"三去一降一补"中的"一降"就是降成本；第三是要素供给；第四是资源、技术这类的供给；第五是企业端的供给。这些供给一旦发生调整，就像汽车发动机的气缸进行了结构性改善，它就开得快了，性能好了。这种调整一旦完成，不单是从上海开到南京能发挥作用，再开 1 000 千米也能发挥作用。20 世纪 80 年代、90 年代到 21 世纪初，那个时候没有供给侧改革这个词，但是邓小平同志在 20 世纪 80 年代主导的重大改革，本质上都是供给侧的。比如把民营企业、个体户放开，以至于 40 年里产生了 3 000 多万的民营企业、7 000 万个体户，企业端增加了供给，带动了发展。20 世纪 80 年代国有企业改革，从机关化运转变成市场主体，90 年代对国有企业的改革措施也是供给侧的。再比如农村土地联产承包责任制，也是一种供给侧改革。20 世纪 80 年代设立特区，设立开发区，也是制度调整的改革，那时候企业所得税是 55%，设立特区、开发区后就变成 15%，浦东新区也是 15%。20 世纪 90 年代推动下岗再就业，也是在供给端降成本，包括破产关闭的债转股，跟现在讲的"三去一降一补"是一个意思。

在 2015 年提出供给侧改革的时候，提到"三去一降一补"，当时有许多库存、产能过剩，要从供给端调整。这一阶段过去后，现在要在更深层次的五大要素上进行改革，也是在供给端进行改革。如果说"三去一降一补"这五件事是 1.0 版本，现在的五大要素市场化配置改革就是供给侧结构性改革的 2.0 版本，是更高层次、更高目标、更高水平的一项改革。

二、五个要素市场

我们说要素市场是聚财型的、生财型的、资源优化配置型的，一年可以产生 1 万亿到 2 万亿元红利，但我们不能只说概念，一定要说具体的措施。

（一）土地市场

在《关于构建更加完善的要素市场化配置体制机制的意见》中，关于土地市场的文字不多，但是涵盖了五层意思，或者说是三个方面的五层意思。

第一方面，实行新土地管理法。新土地管理法是极其重大的改革。中国的城市用地是国有的，农村土地是集体的。如果城市要征地，或者要进行土地买卖的话，必须征用农村集体土地，然后变更成国有的土地在市场上拍卖，也就是农村的土地不能跟城市的土地在一个市场上买卖。新的土地法规定，政府只有因为公益事业、军事的需求，才能把农村土地征用为国有土地。如果只是因为房地产开发、企业发展，就不能把农村土地变成国有土地，集体就是集体，集体和国有的城市用地要放在一个项目里同权、同股、同价转移。这项立法是 2020 年开始的，要素市场改革里面有关土地的条款指的就是这个。

第二方面,进行放权。我们以前的每一个土地项目都要报到国土资源部(现职责整合至自然资源部),经国家批准。国务院每年大致要批准800万亩耕地,把它变成可开发的用地、城市建设用地。每年批800万亩,10年就要批8 000万亩。现在简政放权,理论上就是把审批权交给各省级政府,比如上海市政府或者江苏省政府,由省级政府国土部门自己调控,按国家的要求进行管理,这就是放权。

第三方面,有三层意思。第一,城市的国有土地和农村的集体建设用地可以同权同拍卖,拍卖的收入按不同的所有制分配,城市土地拍卖收入归城市政府,农村的集体所有制土地的收入就归农村集体所有。过去如果农村一亩地征下来花了100万元,但是拍卖的时候卖了1 000万元,这900万元农村是拿不到的,这是资源配置的问题。第二,农村每年征地有占补平衡指标。如果上海一年要征1万亩地,就必须在今后三四年里复垦出1万亩,如果复垦不出就不允许征地,这就叫占补平衡。但是站在上海的角度来说,一共6 000多平方千米土地,基本都已经城市化了,好不容易从农村征用一点儿耕地,还要再造1万亩,实在造不出来,除非把高楼大厦拆了,复垦为耕地,然而这也不可能。在这种情况下,哪怕项目合理,但因为复垦不了耕地,上海也就只能放弃征地,最多依靠崇明岛被长江水冲刷沉淀增加一些耕地平衡。沿海各个城市都存在占补平衡的问题。对此,中央说不一定要一个城市占补平衡,可以跨省交易指标。沿海大城市征地任务重,城市化任务重,而西部、中部造耕地相对容易。造出来以后如果没有项目，就可以把1万亩造地指标卖给上海。上海如果按50万一亩征地，50亿资金就到了中西部，这是占补平衡指标可以跨省交易的意义。第三，城乡之间增减挂钩指标跨省交易。有了这三个概念，就产生了非常重大的改革开放的红利。

以前一年用地是800万亩，这两年降低到600万亩，今后10年、20年，因为资源节约或者经济发展水平的提高，土地利用率提高，国家每年征用400万亩，这400万亩里至少有200万亩农村耕地在开发过程中会进行同股同权买卖，这其中有的可能是房地产买卖，一亩地可以卖1 000万元；有的可能是工业用地，一亩地卖30万元。首先，农村集体用地跟城市用地同股同权以后，平均每亩至少产生50万元的额外收入，200万亩就是1万亿元，即一年城市开发中会有1万亿元转移到农村。其次，每年400万亩地，作为新增的城乡建设用地交换指标，大致会有1/6的耕地被用于指标交换，400万亩的1/6就是60多万亩，这60多万亩地每亩都能带来50万元。

（二）劳动力市场

关于劳动力市场，中央提出了三个概念。

第一个概念，放宽城市落户限制。人口在300万以下的城市，所有户籍一概放开，不管是城市户口还是农村户口，只要想落户都可以放开，这是刚性的指令；人口在300万到500万的城市，各省各市积极努力争取放开，方向还是放开，只是允许有一个过渡的过程；人口在 500 万到 1 000 万以上的城市，要采取一定的控制措施；1 000 万人口的城市中心区，落户可能需要收紧了，但至少城郊接合部是可以放开的。

第二个概念，要在长三角、珠三角、京津冀地区形成同城效应。如果在苏州工作 5 年，到无锡、南京、上海或上海郊区也可以使用在苏州积累的落户资格。今后长三角一体化就表现为落户的积分一体化。珠三角和京津冀也要一体化，除了北京、上海两个超过 2 000 万人口的超级大城市，长三角、珠三角、京津冀地区之间应与其他城市群一样提供同等国民待遇、同等市民待遇，这也是一个很重要的概念。

第三个概念，有 3 亿农民工今后几年要落户为城市居民。

（三）资本市场

简单来说，我们的资本市场发育不充分且有三大问题。第一，投入产出资本回报很低；第二，资源优化配置能力不足；第三，丧失了国民经济发展晴雨表的作用。近 20 年来，我国 GDP 从 18 万亿元变成 100 万亿元，差不多翻了三番。但资本市场的市值可没有翻这么多，指数在 2000 年时是 2 000 多点，现在也是 2 000 多点，晴雨表的作用没有得到彰显。在资源优化配置方面，很多企业想上市上不了，差的企业也没有退出。

资本市场里的几千个企业是国民经济重要企业的集群，所以国民经济好，这个集群就会反映出好的情况，这个集群反映的状况差，国民经济可能也比较困难，所以说它是晴雨表。

（四）技术市场

中国的技术市场没发育起来有两个原因。一是在原始创新概念上是"从0到1"的过程，我们对核心的、基础的高科技领域投资不足。现在我国的研发投入已经在全球排名第二。我国现在每年投入2万多亿人民币的研发经费，但是用在核心的基础性、高科技方面的研发只占5%，而美国、欧洲国家研发费用的20%都投在这方面。我们本来是集中力量办大事，却恰恰在这一块分散了，这是我们要改变的地方。我们缺的是核、高、基。核、高、基需要几十亿、几百亿元的研发投入，这不是中小企业能拥有的能力，主要是国家对科学院、大专院校以及大型集团的要求。不管是对大型国有企业，还是大型民企，国家都要高度重视这一点，而不是听任市场，放任大企业自由出入。美国为什么能把20%的钱投入核、高、基？因为虽然它投入大，产出慢，转化出来的效益相对来说也较弱，但是一旦成功了，就是几十年的带动。这几年我们国家已经下决心发展集成电路，全国投入2 000亿元，一个企业发展两条生产线。这是大企业、国家队集中意志干，代表的是国家力量。

二是好不容易实现了"从0到1"，发明了专利，但转化不够。现在政府、企业、研究所、学校投资产生专利成果，发明人可以占产权的70%—75%。但是十几年下来，很少看到有发明人变成亿万富翁或者千万富翁，就是因为缺少转化。在"从1到100"的转化环节中，我们的市场化不到位，原因之一就是我们把专利的70%给了发明人。在美国，专利的1/3归投资者，1/3归发明人，还有1/3归把发明转化为生产力的转化者。一般来说，转化者的情商比较高，更容易获得好的技术诀窍，但这样的人在知识产权中没有地位，因为人不是全能的。硅谷的原始发明者往往来自斯坦福大学、麻省理工学院，发明者的成果就由硅谷的人拿过来转化。如果转化成功，利益各有1/3。这次中央提出要推动建立科技成果转化机构，要给实现科技成果转化的个人一个市场上的权利和地位。如果成果转化成了生产力，后边就会有源源不断的风险投资基金、私募基金、上市公司或者科技板上市，产生独角兽。所以，市场很重要，要在源头上加大投入，给科技成果转化机构和转化工作者更大的动力。

（五）数据资源

数据将是未来国家重要的竞争力资源，数据最大的特点是"取之不尽，用之不竭"。数据资源的推广使全人类、全社会、全国各地能充分有效使用，但是在使用过程中，如果没有对知识产权与数据资源的保护，凭什么他人的数据资源给你使用？如果没有知识产权的保护，就不会有推广。如果没有数据资源的广泛充分使用，数据资源堆积在那里也只是信息孤岛，毫无用处。那么，怎么形成数据资源交易市场呢？特别是在消费互联网、产业互联网、工业互联网的时代。在5G时代，大数据、云计算、人工智能、区块链等每一项数据发明都有专利。这些数据专利、数据化平台和任何产业结合都会产生颠覆性的改革。

所以中央提出"新基建",第一强调数字化工程、数字化基础设施。第二强调融合工程,数字化跟各行各业结合,就会产生融合,起到颠覆作用。国家统计局2019年有一项统计显示,全年数字化产业,即大数据、云计算、人工智能本身的产业化产生的效益是7万多亿元,占GDP的6%以上。数字化功能覆盖了各行各业,传统产业也正在走向数字化。统计显示这一部分还形成了20多万亿元的增量,这两部分加起来有30多万亿元,也就是中国100万亿元GDP有1/3跟信息化、数字化有关。总之,未来这一方向的发展会越来越好,其关键是要守住数据产权的保护和数据的推广应用。

最后是中国现在的国际关系。有人认为,现在是我们的国际关系最困难的时候,我觉得大可不必这么焦虑。现在中国的有利条件太多了,我们具有世界最大的市场,人均GDP约1万美元,今后十几年哪怕GDP每年只有4%—5%的增长,15年也会翻一番,再后面15年再翻半番,人均GDP也能达到3万美元。全世界有一个规律,3 000美元到1万美元之间有一个中等收入陷阱。最近几十年,许多国家从人均3 000美元、5 000美元到了8 000美元、9 000美元,后来不知道什么原因又掉了下来,总之跨过1万美元的很少,近20年来只有中国顺利跨过了。经过改革开放,我国人均GDP从200美元变成1万美元。另外一个现象是,从1万美元到4万—5万美元,增长速度没有那么快,一般是平稳的。中国正在从人均1万美元往3万美元的方向走,今后也将是比较平缓的。平缓30年以后,2050年我们的人均GDP会到3万或4万美元，14亿人就是四五十万亿美元。

中国有一个巨大的市场，有巨大的产业链。全球每年生产的芯片价值5 000亿美元，中国要用3 000亿美元的芯片。如果美国不做，韩国、日本、欧洲都会来抢占中国市场，最后的结果是美国的芯片企业与全世界芯片市场脱钩。由此可见，决定因素是市场，而不是政客，政客应该顺应市场规则。现在在中国的七八千亿美国资本，超过百分之九十不想离开中国，有百分之几要离开中国的也是因为自己在发展中遇到了问题而做的调整。现在中国的经济实力、改革开放成果、产业链以及各方面的市场空间使得现在面对的各种困难都是小问题，现在的困难跟20世纪50年代、60年代相比要小得多。那个时候的困难我们都能克服，现在更要淡定一点，充满信心。

双循环和中国发展战略的调整*

余永定　中国社会科学院学部委员
上海发展研究基金会学术委员会主席

2020年7月30日,中共中央政治局提出"加快构建以国内大循环为主体,国内国际双循环相互促进的新发展格局"的战略部署。对于双循环的概念,学界有许多不同的理解,我自己更愿意把双循环观点的提出看作我们国家发展战略的调整。

中央提出双循环代表我们国家从改革开放到国际金融危机期间所执行的发展战略调整,发展战略是什么战略?我个人的理解是,在改革开放之初,采用以开展加工贸易和引进外国直接投资(Foreign Direct Investment,FDI)为特点的出口导向战略是非常成功的,但是随着时间的推移,我们需要对这个战略进行某种调整。

---

* 2020年11月21日,中国国际金融30人论坛和对外经济贸易大学联合主办、中国社会科学院世界经济与政治研究所国际金融中心协办"中国国际金融30人论坛(第二届)"。本文是余永定先生在论坛上的发言。

回顾历史,在改革开放初期我们最关注的是两件事情。

第一件事情是要引进外国先进的技术。我们国家领导人曾到欧洲、日本访问,他们对欧洲、日本这些国家的技术发展水平有非常深的印象,那时我们在技术上确实落后,于是我们要想方设法地追上。当时想先引进成套设备,比如1978年与日本签订协议引进宝钢设备。当时中日贸易出口交易额是100亿美元,但那时候没有外汇是我们面临的非常严峻的问题。宝钢设备引入之后引起了非常大的争论,有人认为花费巨资引进设备是"洋跃进",尽管后来中央对政策进行了调整,最后决定还是要引进设备。

第二件事情是中国一定要扩大对外开放。改革开放之前我们有对外贸易,但是对外贸易在经济中所占的比重非常低,在国际市场上更是微不足道。要扩大对外贸易就要增加进出口。我们当时能出口一些石油,大庆石油资源丰富,能满足国内使用。我们还可以出口一些初级产品,特别是农副产品,但是数量有限,市场有限。我国劳动力比较有优势,可以出口制造品,但是因为不了解国际市场,且当时我们的制造品质量很低劣,在国际上没有什么市场。

所以我们面临的问题是,要出口制造品就必须进口必要的原材料、中间产品、外国的设计、市场网络。要进口原材料和中间产品就必须得有外汇,但是没有出口就没有外汇,就好比"没有鸡就没有蛋,没有蛋就没有鸡",所以这是一个非常严峻的挑战。在20世纪70年代末、80年代初,国内发生了一场讨论，即如何理解马克思主义利益理论。

要进口大型设备、开展对外贸易，没有外汇成为制约经济发展的重要原因。当时贴牌代工生产（OEM）的兴起，为中国在没有外汇的情况下发挥劳动力资源丰富的优势开展对外贸易带来了机会。20世纪70年代末、80年代初，广东沿海地区出现了"三来一补"（来料加工、来样加工、来件装配和补偿贸易）等企业。当时在发改委任职的王建同志在1987年提出了"两头在外、大进大出"的国际大循环的理论，这个理论得到邓小平同志的支持，并正式成为中国发展战略。

怎么理解国际大循环的概念呢？我的理解是，"两头在外、大进大出"这个概念很好地诠释了什么是国际大循环。进口对原材料是"三来一补"，不用花外汇。进口后在国内进行加工生产，生产原材料、中间产品，这些企业以合资企业为主，我们在原材料中间产品的基础上进行加工，进行价值增值之后再出口。出口就能赚取外汇，而且出口赚来的外汇一定比进口所花费的外汇多，得到的结果就是贸易顺差，逐渐我们就有了外汇。有了外汇，我们可以再用外汇进口原材料、中间产品，接着进行再加工、出口、再加工、再出口、再加工、再出口，这就形成了国际大循环，外汇规模也越积越多。

加工贸易经历了几个阶段，第一阶段是"三来一补"，非常简单，比较粗放，这是广东当时靠港商和华裔商人实现的。第二阶段变成进料加工。进料加工和来料加工有什么不一样？进料加工需要用外汇购买中间产品。第三阶段是加工贸易。"三来一补"、进料加工都是加工贸易的初级形式，而真正到了加工贸易阶段则变得更加复杂，现在给苹果手机进行加工组装也是加工贸易的一种形式，它的技术含量比原来高得多。中国贸易是以加工贸易为主体的，这种情况一直延续到现在。近期我们的外汇，也就是贸易顺差的产生，主要还是加工贸易带来的。这个过程中 FDI 引资发挥了非常大的作用。查阅历史资料可以知道，20 世纪 70 年代末通用汽车董事长访华提出"合资企业"的概念，邓小平同志批示合资经营可以办，随后合资企业才越来越多。

三资企业大多都是加工贸易企业，而加工贸易企业大多数又是三资企业，所以这两者是结合的，贸易和引资是密不可分的，外汇的两个来源也是密不可分的。中国贸易顺差是加工贸易提供的，而加工贸易顺差又主要是三资企业提供的，FDI 带来了外汇，加工贸易又创造了外汇，这是改革开放初期逐渐形成的一种格局。

我试图在图 1.1 中简单描绘双循环的含义，图的左半部分是国际大循环，右半部分是国内大循环。国内循环是国内市场采购，国内组装、加工、生产，国内市场销售，挣了钱再采购、再加工、再销售。这两个循环实际上是密不可分、互相交错的，这两种循环是互相影响、有溢出效应的。例如有人在外资企业工作后转到内资企业工作，就会把外资企业的先进技术、管理经验等带到内资企业中去。

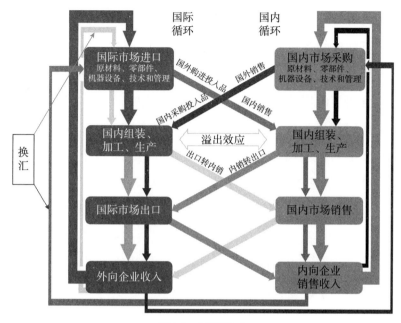

图1.1 循环模式

不同的循环形式中,有的创造外汇,有的使用外汇,我们国家花了很大力气通过各种各样的政策鼓励创汇型的企业,比如"外外型"(两头在外,"三来一补"、加工贸易在外),"外内型"(一头在外、一头在内),还有传统的外汇型企业。对这些企业政府都提供了政策支持。20世纪80年代末、90年代初有一个口号叫"建设创汇经济",可见创汇有多么重要。我国以加工贸易和FDI为特征的出口导向政策与其他发展中国家有所不同,这种政策取得了极大的成功。我国是全球第二大经济体、世界第一大贸易体,外汇储备居世界第一,能够取得这个成绩和我们当时采用的出口导向政策的成功是不可分割的。既然如此，为什么中央又提出"以国内大循环为主体、国内国际双循环相互促进的新格局"呢？因为时代变了。

马克思辩证化理论的核心是对于任何现存事物的肯定理解中包含否定的理解，事物是可以相互转化的，失败是成功之母，成功也可以成为失败之母。如果不与时俱进，原来成功的政策以后就有可能会给我们带来很多麻烦。时代在发展，原来的政策有什么问题呢？我个人认为有五个问题。

一是国际市场容量是有限的。原来的发展战略实际上是小国的经济发展战略，中国是大国，不能一直采取小国模式的发展战略。当时，中国国民生产总值在全球排第19位，但现在情况已经发生了改变，所以当然要调整。

二是难以进一步提高中国在全球价值链中的地位。

三是自主创新动力不足。

四是存在资源跨境、跨时错配的问题，这与国际金融有密切关系。

五是地缘政治环境恶化。

尽管有这些问题，但由于中国是世界人口第一大国，有着广阔的国内市场，所以只要以国内市场为依托，进一步深化改革，通过正确的经济政策组合改善和加强国内循环，实现国内国际双循环相互促进，中国就能够在困难的外部环境中立于不败之地。

关于资源跨境、跨时错配的问题，以加工贸易和FDI为特征的出口导向战略是如何导致资源跨境、跨时错配的呢？按照加工贸易的定义，一定是我们在产生贸易顺差的同时采取了吸引 FDI 的政策，FDI 大量涌入，所以中国从 1993 年开始一直到 2014 年基本上都是双顺差，只是 2014 年发生了某种变化。

双顺差带来的结果是外汇储备的增加，中国外汇储备在 2014 年达到了顶峰，有将近 4 万亿美元，这是双顺差积累的结果。现在我国有 3 万多亿美元的外汇储备，仍然居世界第一。我认为双顺差实际上存在着两个循环。

一个循环是美国生产美元，中国生产商品，美国使用美元购买中国商品，也就是说我们出口产品到美国。这时候我们有创汇，有贸易顺差，贸易顺差之后外汇储备投资美国国库券，美国资本市场融资又有了钱，再来购买中国商品。实际上使用美元购买中国商品的时候，它是用中国借给美国的钱购买商品。从中国购买美国国库券来看，还未购买商品美国就把美元收回了，这是双顺差的贸易顺差部分。尽管美国并没有把商品卖给中国，但它还是可以用美元把商品买走，强调一下，双顺差就是贸易顺差的那部分，这是一个循环。

另一个循环是中国购买美国国债，美国向中国投资，取得中国企业的股权。比如说，中央银行用外汇买美国资产，美国投资者得到美元后投资中国企业，进入了资本市场，这就形成了循环。央行购买外汇、国债和其他资产，美国投资者取得了美元又对华投资，在华企业获得外汇、资本等，通过中国资本市场回到中国，央行又把美元买走，这就形成了两个循环。

在国际大循环战略下，由于双顺差，出现了两个循环。通过这样一种方式形成了中国海外投资负债的特点。截至2019年3月底，我国有7.4万亿美元资产，主要来自外汇储备。负债是5.4万亿美元，其构成主要是FDI，即美国到中国投资。中国净资产是2万亿美元，既然有2万亿美元的净资产，很多人会认为我们应该有投资收入顺差。但是非常遗憾，情况并不是这样，从20世纪90年代开始，大部分时期中国的投资收入都是负数，特别是我们已经有了几万亿美元净资产之后，投资收益仍然是负数。这就像有人在银行里存了很多钱，但却不能从银行得到钱，反倒要给银行钱，这是不正常的现象。这种情况非常值得我们忧虑，人无远虑必有近忧，可能现在暂时没有大问题，但以后必定会有大问题。

在贸易项目方面，日本商品贸易是顺差，服务贸易是逆差，商品贸易超过服务贸易，所以它的贸易基本是保持顺差的情况。但是2005年情况有了一些变化，日本投资收益顺差大于贸易顺差，这意味着日本投资收益实力补足了日本人口老龄化所造成的困境。

总结一下，中国目前不合理的海外投资头寸结构同当年执行出口导向的发展战略有关，这个战略使我们有了大量外汇储备，但是这个战略也使我们形成了畸形的国际收支结构和海外头寸情况。如果不及时扭转这种结构，未来10—20年中国有可能会陷入危机，这种债务危机可不是通过某种短期政策能够解决的。我们需要讨论这种结构是不是暂时现象，能否自动扭转，随着经济的发展，它能否产生某种力量，使贸易顺差一定大于投资收入逆差,或者投资收入逆差一定会转成顺差。我们现在必须采取某种措施扭转这种局面,一定要深入研究这个问题。相信我们只要能在"国内大循环为主体、国内国际双循环相互促进"的思想指导下,加速中国经济发展战略和政策的调整,即便面对持续恶化的外部环境,中国经济仍然可以在相当长的时间内维持较高的增长速度,实现中国民族立于世界民族之林的百年梦想。

新的"双循环"格局与金融服务功能*

屠光绍　上海市原常务副市长
上海发展研究基金会荣誉会长

一、双循环新格局"新"在哪里

关于"金融服务助推构建'双循环'新格局"这一主题，我想先谈一谈我对双循环新格局的理解。

双循环新格局的基本特征主要"新"在哪里？关于双循环，我们早就有了。十一届三中全会以后启动的改革进程，是从农村改革到城市改革，再到各种要素的改革，目的就是建立社会主义市场经济体系。国内市场的循环在十一届三中全会改革开始后便已经在推进了。

外循环其实在1979年也启动了，当时设立了深圳、珠海、厦门、汕头4个特区，我国开始实行对外开放。当然，那个时

---

* 2020年11月5日，上海发展研究基金会主办、上海浦东发展银行支持举办"第三届进博会配套活动国际金融论坛：金融服务助推构建'双循环'新格局"。本文是屠光绍先生在论坛上的发言。

候的开放范围很有限。特区"特"在哪里？当时特区可以利用外资，也只有这4个特区可以引进外资。现在引进外资不算什么了，我国现在是引进外资的大国，我们不单引进直接投资，也在开放自己的金融市场。但在改革开放初期，引进外资是很不容易的，需要战略眼光和战略勇气。邓小平同志规划设立的4个特区，引进外资是其重要的使命之一，当时国内想进行经济建设，但资金却十分匮乏，所以就需要引进外资。引进外资意味着外循环的启动，引进外资主要是做"三来一补"。中国虽然缺乏资金，但劳动力十分充沛，最后商品再出口，就参与了国际循环。当时这个循环是非常低层次的，我国出口的商品主要是袜子、鞋、毛巾等低附加值的产品，但也是一种外循环。

开放的进程和改革的进程是相辅相成、同时推进的。20世纪80年代中期，在4个特区之后，我国政府又设立了14个沿海开放城市，其中也包括上海，后来成立了上海浦东新区。随之而来的还有中部开放、西部开放以及全国大开放，直到我国加入世界贸易组织。

那么，现在提的双循环"新"在哪里？对于新发展格局，我觉得更重要的不是重复过去的循环，重点在于发展新的"双循环"。"国内大循环为主体、国内循环和国际循环相互促进的新发展格局"，我认为重点是新发展格局之"新"。

一是主导力量之新，循环的主体发生了变化，或者决定力量发生了改变。以国内大循环为主，意味着主导力量变了。因为过去是开放倒逼改革，实际上是以国际大循环来带动双循环。

为什么是以国际大循环来带动双循环？因为参与国际大循环顺应了当时国际全球化进程的大背景以及全球经济合作不断深入的大趋势。正处在发展期的中国，特别需要来自国际市场的各种资源，同时也需要国际市场。所以是以国际大循环带动了国内循环，或者是以国际大循环为主来带动双循环。参与国际大循环，不仅使我国加入国际产业链的调整过程中，同时也使中国的劳动力从农村转移到了城市，这是一个很重要的带动。

而现在，国际国内形势发生了很大变化，站在国际形势的角度分析，我认为"三局"都在变化：新冠肺炎疫情的危局、经济增长的困局和全球化的变局。从国内形势分析，我国已成为全球第二大经济体，而基于当下全球经济现状，外循环不可能再带动中国这么大的经济体量。中国自身有巨大的市场，消费在升级、产业结构也在升级，在这一背景下形成以国内大循环为主体带动双循环的模式，所以称之为主导力量之新。

二是发展阶段之新。为什么不是简单重复过去的那种循环？因为我国经济已经进入了高质量发展阶段。所谓新的"双循环"，核心就是高质量发展阶段的国内大循环。

三是循环层次之新。双循环的整个层次提升到了新的高度，意味着更高开放水平的双循环。与过去的双循环相比区别在哪里？过去也有双循环，但那是比较低层次的。现在我国的整体开放水平已明显提升，实际上反映出这种双循环所依赖的、所体现的种种均发生了改变，甚至国际关系都已经改变了，所以它是更高开放水平的双循环。以我国现在的进口和出口为例，过去我们集中于低端产品的出口，现在则有大量的进口，并且更加讲究进出口的平衡。同时，出口商品的结构也发生了变化，从过度依赖低层次的产品，到中低或者中间档次产品出口不断增加，甚至还可以出口部分科技含量很高的产品。我国不仅引进外资，还在进行对外投资，这是更高水平的循环。更高开放水平体现在我国的全面开放、制度开放等方面，中国正在全面参与全球化治理，同时致力于以"一带一路"为代表的区域合作。

二、新的"双循环"格局的重点任务

我觉得新的"双循环"格局的要点是循环，是大循环，这是它的核心要义与内涵。我们现在更需要新动能，没有动能它转不起来，那动能是什么呢？"一个中心、两个重点"。所谓的中心就是高质量发展，这是新的"双循环"的中心。两个重点，既然是以国内大循环为主体，首先，应该扩大内需，并且要持续扩大内需；其次，更高层次的循环需要科技引领，科技引领会为其注入新的动能。

"一个中心、两个重点"是推动新的"双循环"运行的新动能，但是这个循环需要强有力的支撑点，关于新支撑点以下几个方面至关重要。

第一，城市化新进程。我国的城市化尚未完成，按照一般的统计口径，我国的城市化率已经达到了60%。但这个数值要打一点折扣，因为尽管大量农民工进城了，但是他们并不是市民，还有1亿多农民工亟待向市民转化。解决好农民工进城问题，是实现人的城市化的必然要求，高质量的城市化将会为整个循环带来最坚实的支撑。

第二，科技创新引领。要支撑新的循环，就必须打造科技创新引领。我国目前科技发展速度很快，但是在一些关键的科技领域以及基础性的领域，我国都面临被"卡脖子"的问题，这一现状凸显了科技创新引领的重要性。

第三，完善要素市场。支撑新的"双循环"需要完善的要素市场，主要包括土地市场、资金资本市场、技术市场、劳动力市场和数据市场。

土地市场其实早已进入了我国整个经济环节中，但是这个要素市场并不完善。城市的土地制度，包括土地功能的调整、性质的变更，均面临着不同程度的阻碍。农村土地主要是三块地，一是集体建设用地，二是承包地，三是宅基地。三块地如何融入整个要素市场之中，并且真正流动起来，是一个非常重要的问题。

资金资本市场也是非常重要的要素市场，我国的市场体系已建成，但市场化进程还没有完成，比如我国还需要推进利率的市场化进程以及联通国际国内汇率的市场机制。资本市场的注册制改革，不是简单地实行注册制就大功告成了，它是一个系统工程。

技术市场核心的问题，是技术市场如何更好地推动技术创新，实现科技的创新引领，更有效地适应新的"双循环"对技术市场的需要。

劳动力市场的流动约束在不断放宽，但是我国劳动力流动仍不是十分顺畅。户籍制度和与户籍相关的公共服务都在制约着我国劳动力的流动。能否更好地实现劳动力的流动，对实现新的"双循环"发挥着重要的影响。

数据市场的数据流动涉及很多问题。数据是要素，这一点毫无争议，其大致涉及三个维度，其中一个维度是数据资产化。比如对蚂蚁金服，大家比较关心的是数据问题，因为这类科技公司核心的资源就是数据，但这个数据的产权没有一个很好的界定标准。另外两个维度是数据的安全与数据的流动，均涉及诸多隐私问题。

五大要素市场是实现新动能的主要支撑，要有新动能就必须有新支撑。

实现新的"双循环"的关键是要确保路径畅通，其中包括两个重要结构。一是扩大内部的有效供给，特别是一些重大的结构优化，它关系到新的"双循环"能否畅通运行。例如，如何把握扩大内需与有效供给的平衡，两者是否能够匹配，如果不能，那么内需扩大了，有效供给跟不上，实际需求仍然无法实现，反之则可能会造成产能过剩与资源浪费。二是畅通收入分配与促进消费。政府倡导扩大内需、增加消费，但是居民收入不足，所以如果不解决收入分配问题，就无法真正促进消费。我国目前存在的收入分配层次包括初次分配和再次分配，居民的收入不仅包括工资性收入，也包括财产性收入。收入分配和促进消费是联动的，将直接影响新的"双循环"的畅通运行。

新城市化和公共服务是目前影响农民工进城后能否转化为市民的一个重大问题。上海是特大型城市，如果公共服务问题不能妥善解决，就无法有效安置进城农民工，医疗、教育、养老等问题就没有一个明确的解决方案，新的"双循环"便无法顺畅运行。

要素市场和资源配置的相关问题也是一个重大的结构问题。我国已建成各种要素市场，但是它们的资源配置功能还不强。资本市场应该有资源配置的功能，优胜劣汰是基本法则，有上市就要有退市，该退市的企业不退市，就会挤占其他企业急需的资源。因此，如何进一步理顺要素市场和资源配置的关系，使要素市场能够更加畅通地运行，是一个非常重要的问题。

新的"双循环"核心要义是循环，而首要任务是确保循环畅通。怎么畅通循环？动力从哪里来？还是要深化改革和开放。改革的核心问题是政府和市场的关系。此外，国内和国际的关系也会对新的"双循环"产生深刻的影响，必须进一步开放方可实现更高层次的双循环。举个例子，从领域层面来讲，我国正在不断扩大开放，特别是近两年金融领域的开放。尽管有人认为我国金融市场开放太慢，但放眼全球各国，特别是大国，均对金融市场的开放十分慎重。因为金融市场有经营风险，且其强大的关联性、外部性意味着金融市场必将影响各个市场、各个行业。当前，中国的金融系统还不够健全，效率还不够高，结构还不够优化。为什么要防范金融系统性风险？因为金融系统不仅包括传统信贷业务，还包括资金循环的整个链条，因此金融系统的安全非常重要。我国首先开放的是金融服务业，取消了对外资占股比的限制。我国金融市场也在不断开放，诸如合格境外机构投资者（QFII）投资限额的取消，实行沪港通、债券通等。现在不光是扩大开放，还要努力推进全领域的开放，从商品开放、要素开放到制度开放。新的"双循环"要畅通必须要实现制度开放，这是更高层面的开放，新的"双循环"的动力还是源于深化改革和开放。

三、新的"双循环"格局和金融服务的关系

新的"双循环"格局中的金融服务功能就是指金融如何发挥促进"双循环"的作用。从"双循环"格局来看金融，或者根据金融的地位来确定如何服务好"双循环"。

首先，金融在新的"双循环"格局中具有重要的地位。我的理解包括以下几个方面。

第一，金融是现代经济的核心。改革开放 40 多年以来，我国建立、完善和发展了社会主义市场经济，尽管有个别国家不承认我国是市场经济国家，但我国始终坚持改革开放，推动和完善社会主义市场经济制度。金融是现代经济的核心，也是中国市场经济体系的核心。

第二，金融市场是连接投资和融资的重要场所。从广义的金融市场分析，直接融资、间接融资都需要连接投资人与被投资人。对这两端主体的连接，构成了整个金融市场的运转基础。

第三，金融活动贯穿生产、流通、分配、消费等经济循环

的全过程，哪个环节都离不开金融。生产需要投资，要么从银行借款，要么从资本市场发股票、发债券，还可以通过私募市场。流通也是一样，没有金融便没有整个流通的环节。金融在分配过程中也起到了重要的作用，可以在收入分配中提高居民的财产性收入。此外，现在要发展消费金融，它对新的"双循环"格局具有重大作用。

金融对新的"双循环"的影响具体表现在哪里？它主要是通过五大关系来体现金融和实体经济怎样实现良性循环、有效循环。

第一个关系是社会融资体系与产业结构调整，重点是直接融资和间接融资。在宏观分析的过程中，对金融的观测主要依靠两个指标，一个是社会融资总量，另一个是货币总量，即货币流通量。通过观测这两个指标，可以从不同的角度来观测货币流动的情况和社会资金的充裕程度。

我们所谈论的社会融资总量一般都是指什么呢？社会融资总量对于银行来说是资产端，而存款则构成了银行的负债端。企业的资金从哪里来，对企业的资本结构、资产结构以及经济活动开展的影响是不一样的，这与产业结构的变动有关。长时间以来，我国企业都以间接融资为主，主要依靠银行体系进行信贷。一般来说，银行信贷比较适合大工业时期、大制造业时期。但是现在产业结构在变动，要发展战略性新兴产业、科创产业以及与新经济相关的产业，完全依赖银行的信贷融资已经不再能满足实际需求。因此，必须要加快直接融资的发展和资本市场的发展。创新经济在发展过程当中，企业和银行的业务匹配度并不是很高。因此，我们想通过发展直接融资更好地适应产业结构变动的需要，处理好间接融资和直接融资的关系，使融资体系随着产业结构的变动和经济发展阶段的不断变化而及时做出调整，从而使间接融资和直接融资实现比较合理的匹配。

第二个关系是金融服务形态与各类企业需求。金融服务有很多种不同的形态，分别对应不同企业的需要，所以才有了科创金融这样适应科创企业需求的金融服务。普惠金融的发展则有效地满足了部分小微企业以及普通大众对于金融服务的需求。

第三个关系是金融市场功能与资源配置的效率。金融市场的功能是什么呢？金融最核心的就是资金的价格，包括利率、汇率等。现在反映比较多的问题是金融市场存在明显的歧视性，金融市场对于大企业来说是买方市场，而对于小微企业则截然相反。如何能够切实降低企业融资成本？如何在保持金融市场的价格信号功能的同时也降低融资成本？这对我们的金融体系提出了更高要求。

第四个关系是金融机构产品与服务供给能力。这主要涉及机构的完整性和金融服务产品的多样化，要反映多样化的需求，甚至有的服务是量身定做的。这要求我们的金融机构与金融体系均比较健全，且金融产品种类比较丰富。

第五个关系是金融政策和监管与经济运行。金融与实体经济的有效循环与金融相关的宏观政策、监管以及经济运行都密切相关。比如货币政策是收是放，金融监管和防范化解金融风险等，都和实体经济有密切关系。

金融结构的优化也是新的"双循环"格局的重要支撑。金融结构自身优化有很多表现形式，下面我主要讨论三个结构变动及相互关系。

第一个结构是社会融资结构。社会融资结构主要包括直接融资和间接融资、股权融资和债权融资、长期融资和短期融资，这些是目前在融资结构调整优化中需要进行调整的部分。

第二个结构是居民的财富结构。储户的储蓄是金融市场中资金的重要供给来源，没有居民储蓄存款，金融市场就无法获取充沛的资金。居民的财富结构也在经历重要的变化，我将其总结为三个方面：一是从储蓄到非储蓄，二是从实物地产到非实物地产，三是从单一资产到多元配置。这些变化意味着居民财富结构正在进行深刻的升级。

第三个结构是资本市场结构。当前资本市场结构也在发生巨大变化。首先是多层次市场结构。不仅有传统意义上的主板与创业板，还有科创板、中小板、新三板及各地的股权交易中心。除此之外还有私募市场，即私募基金。它没有一个固定的市场形态，但却切实存在，因此这是个多层次市场。其次是企业结构。目前大多数企业的结构已经发生了重大的变化，以此来对应多层次市场。过去资本市场的服务往往不能惠及初创期的企业。为了运用好资本市场的资源，这才有了中小板、创业板、新三板，用以帮助处于成长期的不同企业，这是资本市场功能提升的重要表现。另外，还要关注不同规模的企业如何利用资本市场促进自身发展。企业的资本结构、资产结构以及股权结构可以反映资本市场是不是有更大的包容度与服务面，通过查漏补缺来确保资本市场服务企业的功能得到进一步的提升，资本市场的作用才能不断得到体现。最后是投资者结构。

金融市场自身也在优化，实际上它是多个结构变动形成的一个良性循环。资本市场结构变动能够带动居民财富结构的变化，因为资本市场投资的功能越来越强大，居民财富结构将从储蓄向非储蓄转变，从过去的实物地产向非实物地产转变，由单一的配置转变为多元配置。居民财富结构的变化又会带动社会融资结构的变化，这就是循环。

加快上海国际金融中心建设是金融服务新的"双循环"的重要抓手，其主要措施可以简单地梳理为四个方面。

第一，要加大金融市场基础性制度改革，促进金融体系的完善。虽然上海国际金融中心不是我们金融体系的全部，但是它在整个金融体系里面具有引领的作用。抓好上海国际金融中心建设，首先是要加大金融市场制度性改革，促进金融体系的完善。上海国际金融中心的核心是金融市场，特别是资本市场。我们对金融市场、资本市场的基础性制度改革，包括注册制，都有利于促进资本市场发展，提升直接融资的比重，加快发展直接融资。

第二，扩大更高水平的金融开放，形成全球人民币的资产中心，从而服务好人民币的国际化。这是在外循环过程中，上海国际金融中心参与国际循环的有效方式。因为国际金融中心需要配置国际金融资源,所以通过上海国际金融中心,我们不仅要引进境外的投资人,还要支持我们的企业和资产走出去,参与到外循环当中。更重要的是,上海国际金融中心要形成健全国内金融体系和参与国际资源配置的重要战略枢纽。

第三,进一步完善金融基础设施和营商环境,提升软实力。

第四,用好金融科技资源,改善金融机构业态,提高金融服务的效率。

第二篇

货币和货币政策：

破蚕和守正

货币政策设计需要考虑通货膨胀的测度变化问题*

周小川　中国金融学会会长
中国人民银行原行长

通货膨胀包含两方面的内容：一是特定的收入能达到什么样的生活水准；二是通过工作赚取特定收入的代价。现阶段的低通货膨胀对货币政策的旧有理论能否适应现在的经济形势提出了挑战，对过去的通货膨胀目标论也提出了挑战。

一、通货膨胀指标不是衡量目标的最终变量，而是中间变量

通货膨胀本质上是一个中间变量，但是经过长期使用，人

---

* 2020年9月27日，当代经济学基金会、上海发展研究基金会、复旦发展研究院、复旦大学经济思想与经济史研究所共同举办"2020上海货币论坛——疫情冲击下的货币理论和货币政策"。本文是周小川先生在论坛上所作的主旨演讲。

们习惯将中间变量视为最终目标，而中间变量往往并不是最终关注的内容，因此完全用通货膨胀这个单一指标评价货币政策是否合适也有待进一步讨论。在测试温度时，传统的方法有两个：一是水银温度计，水银随着温度的升高而膨胀，收缩比较明显；二是双金属片温度计，两种不同的金属在温度变化时的膨胀系数不一样，通过其差值来衡量温度。但是在冶炼过程中需要测量很高的温度，此时水银温度计中的水银会由于温度过高而蒸发，双金属片温度计的金属片也会融化，导致无法直接测度。因此，实际操作中需要找到一个和要测度的温度之间有一定数学关系的中间变量，或者说找到一种映射关系。如果这种映射关系正确，就可以通过中间变量得到准确的温度水平。同理，人们在衡量经济发展和生活水平时，通货膨胀可以反映问题的某个方面，但无法反映全部结果。

二、比较基准的变化导致传统通货膨胀测度结果和实际不一致

近年来，通货膨胀的测度方法不断改进，人们也在不断地对度量通货膨胀的篮子进行动态调整。通货膨胀指标的用途有三个：第一是了解真实收入水平，即名义收入扣除通货膨胀得到实际收入水平。第二是对生活质量的关切。其中，进行生活质量比较时，一种是短期比较（例如和2019年比），此时支出结构变化较小。一种是跨越更长时间进行比较（例如和上一代人比较），此时支出结构变化会更明显，其中不仅涉及货币服务，

还可能涉及更多其他内容，测度难度也有所加大。第三是计算效率与付出之比，即在一定生产力条件下付出的努力（一般用劳动时间衡量）换来的收入变化。

然而，衡量通货膨胀相关指标时会面临比较基准变化的影响。例如，近年来居民收入有明显提高，物价也经历了高通货膨胀阶段。而现在物价普遍处于低通货膨胀态势，通过直观比较可以认为人民生活水平提高了。但是，实践中会出现指标结果和人们实际体验不一致的情况。例如，目前美国有很多中等收入的白人对生活很不满意，他们谋求变革，造成美国政治方面产生了很多变化，主要原因就在于他们用房屋、汽车、教育、医疗、养老这类长期性的指标进行比较，发现自己没有上一代人生活水平高。同理，以中国"二孩"政策为例，之前做了很多模拟，预测人口结构和生二胎人口数量会如何变化，但是最后实践表明生育率明显低于期望值。这里的主要原因可能是在不同时代小孩的生养标准提高了，以及有些东西确实价格较高。例如从出生到幼儿园、小学、中学，各个阶段相比以前需要更多的课外补习，支出需求更高，从这个角度看，生活水平相比过去并没有明显提高。

三、传统通货膨胀度量方法面临的挑战

第一个挑战是通货膨胀反映的短期和长期问题。通货膨胀能够较为有效地度量短期内经济情况的变化，但是对长期问题的度量存在一定的弊端，因为在以往的测度结构中对投资、资

产的度量比较少，权重也较小。从市场结构看，消费者主要关注居民消费价格指数（CPI）变化，而 GDP 和支付结构主要反映投资和企业之间的关系，资产价格提升与 CPI 的短期直接关联不明显。但是，资产价格提高后会产生长期影响，具体体现在养老投资的回报会降低，住房价格会更高，导致公共财政赤字增多。因此，未来需要对长期影响和短期影响进行平衡，可能就要提高税收比例。尽管当前消费者能够在短期内按照意愿得到减税，未来进行平衡时它还是会被分摊到消费者身上，即存在长期的问题。同理，在市场价格反映到生活质量、生活水平上时，也都会面临一个长期变化折现的问题。

第二个挑战是通货膨胀篮子中可支配收入的测度问题。以往确定通货膨胀篮子时，支出篮子是以可支配收入作为基础的。不可支配收入部分，例如，税收或一些强制性保险则不在篮子范围之内。而目前可支配收入比重在不断降低，例如，按规定养老金需缴税 20%，实际上在劳动收入基础上共交了 28%，因此如果资产价格变贵，资金的长期回报率就会降低。从这一视角看，现行的可支配收入篮子的内容和结构存在一定问题。同时，劳动力在行业中很难准确知道自己的劳动贡献水平，往往只能通过横向对比，即与同类人比较自身收入水平的高低。因此，对收入水平的测度以及应该按照什么样的收入篮子来计算物价水平，对现行通货膨胀的测度提出了挑战。此外，以往通货膨胀从资金的供求关系角度关心物价指数，即给通货膨胀锚定一个预期，在预期内通货膨胀就能够稳定下来。消费者也可以通过这个预期自己未来的养老、医疗、子女上学情况等，从而影响当下的消费支出结构。在实际情况中，目前货物比重和常规的服务比重已经在明显降低，因此度量通货膨胀时需要将这类因素包括进去。

第三个挑战是使用绝对概念还是相对概念衡量通货膨胀。究竟应该使用绝对概念上的生活水平作为追求的目标，还是需要使用相对概念，涉及多数人的比较习惯？例如，现在很多人都在使用计算机，CPU速度、内存、存储空间会持续发生变化。根据中长期纵向视角对比可知，计算机性能变化明显。但是多数人在实际生活中往往只进行横向比较，即比较周围的人使用的计算机性能，当自己的计算机性能相对差时，就感觉自己的生活质量较差。

第四个挑战是需要考虑资产泡沫的影响。当出现资产泡沫、资产过贵时，意味着当前需要花更多的钱才能获得相同的结果。人们需要在制定货币政策时对这种资产价格的变动有所考虑。资产价格确实具有很大的不确定性，特别是在这一轮经济环境下，其不确定性更大。2001—2002年美国曾经发生过纳斯达克资产泡沫破灭事件。现阶段我国是否存在资产泡沫，众多学者各持己见。但是如果有资产泡沫，高居不下的资产泡沫会提高当前投资的价格，而当前投资又是消费的一个必要组成部分。因此，不管资产是否在可支配收入范围里，都与购买力和收入分配有关，且都是制定政策时需要重点考虑的因素。

最后回归到货币政策，货币政策使未来的物价水平变化存在两方面问题：一是存在度量问题，二是当前所面临的问题。如果用传统方式度量的通货膨胀没有上升而实际资产价格明显上升，对货币政策的设计和响应就需要考虑上述情况。具体而言，当你要调节一个系统时，你首先需要明确调节的是什么，想达到什么样的目标，这就涉及测度的问题，以便最终确定是否达到了目标。对通货膨胀的更优化测度涉及经济社会复杂的方方面面，因此需要进行更深入细致的研究。

从传统货币理论与现代货币理论的分歧看财政政策与货币政策的协调*

吴晓灵　中国人民银行原副行长
清华大学五道口金融学院理事长

一、现代货币理论和传统货币理论的分歧

现代货币理论本来是一个很边缘的理论，但是近年来由于许多国家实施量化宽松的货币政策并没有导致通货膨胀，又由于金融危机和新冠肺炎疫情导致许多国家的财政日益拮据，财政债务上限屡受冲击，财政债务问题备受争议，于是财政赤字货币化问题引起了较大关注，关于财政政策与货币政策的关系也出现了新观点。目前，世界经济复苏的不确定性日益增加，地缘政治日益复杂，各国经济均面临着国际产业链重构和结构性调整的困难，

---

* 2020年9月27日，当代经济学基金会、上海发展研究基金会、复旦发展研究院、复旦大学经济思想与经济史研究所共同举办"2020上海货币论坛——疫情冲击下的货币理论和货币政策"。本文是吴晓灵女士在论坛上所作的主旨演讲。

传统经济和以信息技术为代表的新经济正交融发展。我们有必要关注现代货币理论和数字货币对传统货币理论和经济实践的影响,并注重货币政策与财政政策的协调及路线。

现代货币理论认为,货币是一种政府债务凭证,政府的税收权决定了法定货币的地位。公众由于交税的需求而接受货币,税收推动了货币的发行、流通。政府债务是调节利率的手段。在独立的主权货币制度下,只要政府没有承诺以固定汇率兑换外币或黄金,政府财政赤字就可以是无限的。在此情况下政府不可能破产。因为政府可以通过发行货币来偿还债务,同时可以通过提高税收或举债收回多余的货币。这里和传统货币最大的分歧就在于,传统货币认为货币的产生是因为交易的需求,因而虽然存在多种货币,但是最终哪种能够成为法定货币一定是由政府和政府的税收权决定。在这一点上传统货币理论和现代货币理论是有共同点的。但是传统货币理论认为货币的本源是媒介,还有更多的其他货币。现代货币理论特别注重财政,认为货币起源于财政的税收和法权,因而不太注重货币政策,只注重财政政策,并提出了"功能财政"的概念。

功能财政是指如果国内收入水平过低、税收占比过低,政府就需要增加支出,失业就是最充分的例证,出现失业就意味着政府支出过低。如果本国的利率水平过高,政府就需要多花钱、多提供基础货币以求降低利率。功能财政的创始人阿巴·勒纳(Abba Lerner)拒绝稳健财政的概念。阿巴·勒纳认为,正确的赤字比例是充分就业的比例,正确的债务比例是与实现利率目标相一致的比例，应利用市场利率水平和就业率水平确定整个财政政策。

二、央行可在结构性调整中发挥作用

大家普遍认为，好像只有中央银行在一级市场中购买财政债券才叫财政赤字货币化，如果在二级市场买就不是财政赤字化。实际上不论是在一级市场还是二级市场，购入的财政债券都是赤字货币化。在信用货币制度下，法定货币是永远不需要偿还的债务。在这点上传统货币银行学和现代货币理论是有共识的。而且现代货币理论不否认中央银行体制，也认为即使是财政直接创造货币，或者用支付来创造货币，货币也要通过中央银行的支付体系。所以从这点上来说，财政赤字货币化和信用货币的创造、法定货币的创造是同一个问题。于是问题就演变为谁来主导央行资产方的运用，因为支出都是通过央行的资产负债表。现代货币理论不认为政府能直接发钞票买东西，认为政府应通过央行支出，下达支付命令是由于财政主动启动，或者是财政跟央行借1 000亿元，借了之后财政就有1 000亿元可以使用；或者是发1 000亿元国债由央行买进，通过债务凭证的方式使用。

这个时候，如果央行的资产负债主要是黄金和财政的债券，那么，货币创造的主动权在财政手中。

尽管央行在二级市场上购买债券的时候，在数量和利率方面有一定的调控权，但是主动权都在财政手中，因为是财政把这些钱花了。如果是央行的资产负债结构里有再贷款（中央银行直接给商业银行贷款），商业银行有了基础货币就可以去创造其他货币了。在这里，央行是有自主权的。中央银行自主扩张资产，货币发行主动权在央行手中。西方国家原来都是通过财政，但是这次金融危机之后，通过量化宽松的货币政策，央行可以直接买入非金融机构的资产，这其实是做了结构性调整。央行一直有结构性调整的做法，我们的教科书上都是说"货币政策管总量，财政政策管结构"。但是如果从货币创造的本质来说，央行对资产负债表的结构尚有调整的余地，或者说有很大的主动权。其实是央行可以通过对自己资产的运用来引导市场结构的调整。过去中国人民银行经常说这是阶段性的任务，现在看来不一定是阶段性的任务，而是在比较是财政直接支配钱的效率更高，还是通过央行渠道支配钱的效率更高，约束力更强。我国的财政预算制度不是特别完善，而且必要的经济支出与最基本的公共支出界限不是很清晰，有一些涉及经济建设方面的内容，通过央行基础货币去引导可能是比较好的选择。

三、关注预算的质量比关注预算赤字更重要

在信用货币制度下，一个主权国家的货币发行，从技术层面讲可以是无限的，但是从经济层面讲应该是有限的，即有通货膨胀率的限制。通货膨胀率提高，确实会对老百姓的生活产生很大影响。但是，现代货币理论认为浮动汇率下的主权货币政府赤字可以是无限的，前提是要有有效的公共目标预算和保

障充分就业的预算,其中特别强调预算问题。约束政府支出的并不是政府的偿付能力,而是其产生的意外影响,比如资源从效率更高的部门流出、过度保障带来的道德风险等。预算案将会提供一种有效的项目管理和评估机制,确保预算用于公共目的。我们一直想建立财政绩效评估体系,但是到现在为止,我国并没有建成比较好的财政绩效评估体系。对于财政赤字,各国政府都是非常担心的。欧盟成立时制定了3%的赤字率和60%的债务率,但现在看来欧盟的货币政策和财政政策是不搭配的,出现了债务的国家问题就比较严重。2008年,欧盟没有发欧盟债来帮助南欧四国解决债务问题,2020年新冠肺炎疫情期间却发行了7 500亿欧元的复苏基金,其中有3 900亿欧元是无偿的纾困基金,剩下的是低息贷款。领导人还达成了未来7年1.074万亿欧元的财政预算案,欧盟不得不用财政预算的方式来解决现在面临的经济问题。日本没有外债,都是本地债,所以赤字率和债务率很高,赤字率在6%左右,债务率已经超过200%,但是并没有对金融市场产生大的冲击。

对我国来说,现在财政预算对于赤字是有控制的,政府用3%和60%来约束。我认为这其实是对社会公众的一种约束,并不是必须遵守的自然限制。如果我们非要遵守这个限制,而不顾科学财政预算对经济的积极推动作用,将带来行为扭曲。我国现在公布的债务率是3.6%,但是地方专项债和中央发的特种国债都已经违背了它们各自的本意。特种国债和专项债要有本金的回收能力和利息的偿付能力,但是地方政府是缺少经常项目的支出，并不是缺建设的钱。发这种债的后果是钱根本用不出去，或者是变相地用。变相地用钱就是替代商业银行的一些贷款，这些专项债的利率确实低于政策性贷款和商业银行贷款，所以形成一个挤出效应。我国努力保持3%的赤字率，额外发2万多亿元特别债和地方债，最后就形成了一种扭曲的结果。还不如我们直接承认6.1%的赤字率，赤字债要对症下药。现在要"六保"，其实钱是不够的。地方政府现在不缺建设的钱，缺的是日常支出的钱。信用货币制度下的赤字率、债务率对于一个国家来说都不是固定的，要真正地不忘初心，为老百姓把钱用好，把经济发展好。

货币主义与美联储的量化宽松*

余永定　中国社会科学院学部委员

上海发展研究基金会学术委员会主席

我们过去所理解的货币主义理论，简单来讲就是无论何时何地通货膨胀都是货币现象，所以我们认为如果货币供应量增长速度超过了 GDP 的增长速度，就一定会引起通货膨胀。过去我非常相信货币主义理论，尤其是在我国出现很多由于货币发行太多导致通货膨胀的例子的情况下。但是最近一段时间，我对此保持怀疑态度。很长一段时间，特别是近 10 年来，美国的 M2、M3 都保持着 6% 以上的增长。在新冠肺炎疫情暴发之后，美国已经开始不顾一切地增发货币了。日本的 M2 增长速度也是远高于 GDP 的增长速度，日本 GDP 增长速度是 1% 以下，甚至相当一段时间是零增长，但 M2 增长的速度达到 2%—3%，

---

* 2020 年 9 月 27 日，当代经济学基金会、上海发展研究基金会、复旦发展研究院、复旦大学经济思想与经济史研究所共同举办"2020 上海货币论坛——疫情冲击下的货币理论和货币政策"。本文是余永定先生在论坛上所作的主旨演讲。

最近这段时间甚至达到了 7%—8%。这些发达国家不是在短期，而是在相当长的一段时间内，在执行具有扩张性的货币政策时，货币增长速度都远远高于 GDP 的增长速度，但是基本上不会通货膨胀。日本最为明显，定了通胀 2% 的目标，但无论如何也达不到，这种低通货膨胀的情况持续了近 30 年。

问题出在哪里？我认为货币理论本身就有很多问题。货币的功能在货币理论中被简化成交易手段是不准确的，交易手段是货币的主要功能，但是货币还有其他的功能，比如说价值贮存功能。在货币理论中，并没有反映价值贮存功能。我认为，货币本身是生产要素。20 世纪 70 年代后期和 80 年代初期我还在工厂工作，工资突然增长，这个时候理论界就很害怕出现通货膨胀。可是我作为一个工人会感觉到什么？工资增长之后大家都非常高兴，本来不愿意工作，现在钱多了就愿意工作。所以钱多了在前，愿意工作在后。无论如何，钱多刺激了工作的积极性，也有助于资源的合理配置。在这个意义上，货币可以作为生产函数中的一个自变量，而货币理论却完全忽视了这点。

任何一个学者学了一种理论之后，总是希望用学过的理论来解释新现象，如果不能解释就要想办法拯救，如果拯救不了就会产生新的理论。我们怎么拯救货币理论？有两种常见的拯救方式。第一种拯救方式是认为货币流通速度是可变的，我认为这是逻辑上的错误，是一个假解释，它解释不了货币供应增长速度和通货膨胀的关系。事实上，在货币主义理论中流通速度是已经确定的，如果流通速度不确定是无法做出任何预测的。

第二篇
货币和货币政策：破蚕和守正

有一个大家很熟悉的公式，通货膨胀等于货币增长速度减去 GDP 的增长速度，这里面已经假设了流通速度是一个常数，微分之后就消去了。

第二种拯救方式是资产价格，特别是房地产价格的上升，使货币供应量的增长速度和通货膨胀脱节了。我认为这在部分上可以解释，但还是不能解释整体。

图 2.1 中，左侧是美国 M2 存量的增长速度，右侧是美国房价的变动。可以看出，20 世纪 70 年代后期，M2 的增速是很低的，但是房价的增速是最快的。80 年代到 90 年代上半期的十几年中，M2 增速节节下降，但是房价是稳定的。金融危机爆发之后，M2 急剧增加，房价急剧下降。

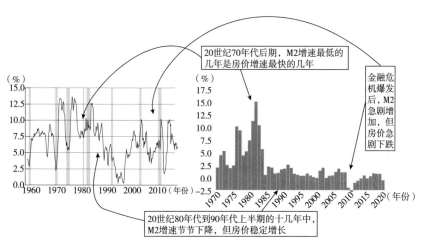

图2.1 美国M2存量的增长速度和美国房价的变动

图 2.2 是美国 M2 存量的历史数据，增长相当稳定，金融危机之后其增长速度变快了。图 2.3 显示，美国房价指数是有起落的。

所以并不能用货币供应量增速来解释，它只能部分解释房价的变动。

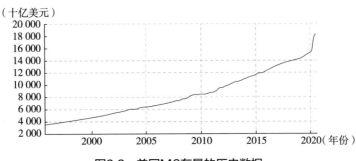

图2.2　美国M2存量的历史数据

资料来源：全球经济指标数据网。

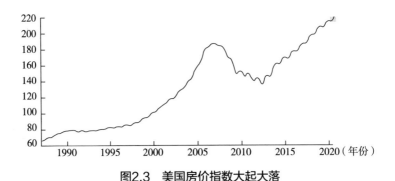

图2.3　美国房价指数大起大落

资料来源：S & P Dow Johns Indices LLC，2000年=100。

日本的情况更明显，其M2增速从20世纪50年代开始一直到现在，虽然有一些波动，但总体是稳定的。1989年资产泡沫暴跌，导致房价降了一半，虽然现在略有回升，但是还远远达不到在房地产泡沫崩溃前的最高峰。

我想强调的是，房价的变动与资产价格的变动可以部分解释为什么货币供应量的增长速度和通货膨胀脱节,但还有更大一部分不能解释,我们还需要创造一种新的货币理论。所以,我们不要盲信货币主义,不要盲信过去。通货膨胀并非都是货币现象。自 2008 年金融危机以来,西方国家货币政策的实践完全违背了货币主义理论,并未导致通货膨胀。以美国的量宽政策为例,我将其概括为四个目的。第一,抑制资产价格下跌,防止金融机构破产。第二,降低利率,刺激经济增长。第三,把资金从国债市场赶到股票市场,通过股价上升创造的财富效应刺激经济增长。第四,配合扩张性财政政策,间接实行赤字货币化。这是量化宽松政策(QE)没有指出的,但是我认为可能是最重要的目标。

本·伯南克(Ben Bernanke)说过,如果财政部发行国债购买私人资产,而美联储用新创造的货币买进这些国债,那么这个操作过程等同于公开市场操作(OMO)购买私人资产。换个说法,通过货币创造为减税融资,等价于国债融资加上美联储在债券市场的公开市场操作。简单来说就是货币融资——货币融资 = 国债融资 + 公开市场操作。

图 2.4 是美国财政部、商业银行的资产负债表。财政部发了 100 个单位的国债,商业银行购买了国债,商业银行少了 100 个单位的现金,同时增加了 100 个单位的国债,整个过程中货币供应不会增加。但是商业银行的资产增加了 100 个单位的国债,这是政府发债融资。发债融资的好处就是不会形成通货膨胀的压力,但会产生挤出效应,让利率上升抑制经济的增长。

财政部		商业银行		商业银行用于购买国债的资金应该是现金、超额准备金等。在资金来源给定条件下，商业银行在央行的准备金应该是给定的
资产	负债	资产	负债	
+100现金（存入央行财政部账户）	+100国债	+100国债 −100现金		

- 货币供应不会增加
- 资产（国债）会增加

图2.4　美国财政部、商业银行的资产负债表

图2.5是美国财政部、商业银行的货币融资。财政部发了100个单位的国债，中央银行买了100个单位的国债，财政部在中央银行有一个存款账户，增加了100个单位的存款。中央银行在债务方增加了100个单位的存款，所以是货币融资。货币融资的问题就在于虽然不会产生挤出效应，但是有可能造成通货膨胀，对经济的未来发展产生不利的影响。

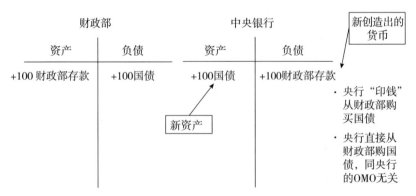

图2.5　美国财政部、商业银行的货币融资

第二篇
货币和货币政策：破茧和守正

图 2.6 的公开市场操作反映的是美联储从商业银行买走 100 个单位的国债，与此同时商业银行在美联储的准备金增加了 100 个单位，有更多的准备金可以用于从事货币创造，这就是公开市场操作。

总结来看，发债融资不增加货币供应量，但增加资产；货币融资是增加货币供应量，同时也增加资产；公开市场操作是增加货币供应链，但不增加资产。

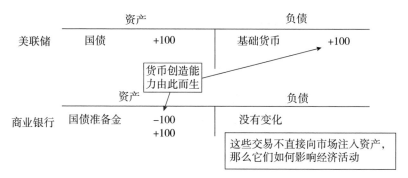

图2.6　公开市场操作

如果政府进行国债融资的同时，央行同步进行公开市场操作，最终结果同货币融资相似。图 2.7 中，中间环节商业银行一开始买了 100 个单位的国债，花掉了 100 个单位的现金，现金跑到财政部，公开市场操作美联储把这 100 个单位的国债从商业银行买走了，商业银行在美联储又有了 100 个单位的准备金。资产结构发生了变化，但是总量并没有发生变化。在此过程中央行发生了什么变化？资产增加了 100 个单位的国债，同时增加了 100 个单位的准备金。

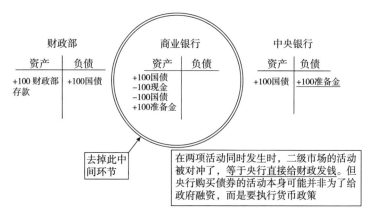

图2.7 发债融资、货币融资、公开市场操作三表合一

伯南克说货币融资等于国债融资加公开市场操作，这两者没有区别。但是我觉得这两者是有区别的，区别在什么地方？

图2.8中把图2.7中间的商业银行环节去掉了，中央银行资产负债表中增加的是100个单位的准备金，如果不是经过国债融资加公开市场操作，货币融资增加的将是存款，存款可以花。但准备金没办法买东西，准备金是商业银行放在中央银行的，必须通过贷款方式创造货币，才会对通货膨胀产生压力，这是问题的关键。中央银行增加的是商业银行在中央银行的准备金，而不是普通的货币，所以对通货膨胀的影响是不一样的。如果经济在繁荣期，有了准备金当然要增加贷款；如果经济在收缩期，人们都不愿意借钱，也没有人愿意跟别人借钱，这100个单位的准备金就放在中央银行的债务中。

货币融资				国债融资+OMO			
财政部		中央银行		财政部		中央银行	
资产	负债	资产	负债	资产	负债	资产	负债
+100 财政部存款	+100国债	+100国债	+100财政部存款	+100财政部存款	+100国债	+100国债	+100准备金

注：两者的最终结果都是央行新增100国债和100货币。不同在于货币融资增加的是M0或M1；而国债融资+OMO增加的是基础货币。前者会增大通胀压力，后者则不一定。

图2.8 货币融资与国债融资+OMO的区别

如果按国内和国外来对美国国债持有者进行划分，国内国债的持有者占大部分；如果按类别来划分，美联储拥有的国债居第二位、仅次于其他所有外国中央银行所持有的国债。商业银行持有的美国国债比较少。各个国家通过QE等方式实现的财政赤字货币化的程度分别为，美国20%以上，日本40%以上，德国40%以上。新西兰中央银行定了一个限额，财政赤字货币化的程度不能超过60%。可以看到西方这些中央银行是他们自己国家国债的最大持有者或第二大持有者，这些都是通过公开市场的操作，或通过财政部发债暗中配合完成的。西方国家财政赤字货币化的程度越来越高，以后西方国家会不会爆发大规模的通货膨胀和资产泡沫？谁也不能排除这种可能性，我们必须要保持警惕，以便把未来可能遭受的损失降到最低。

就中国而言，借鉴国际经验，担心未来通货膨胀的威胁是正确的。但实现经济增长是中国的第一要务，其他问题可以以后再处理。因而，中国还是要坚持扩张性的财政政策，并辅以扩张性的货币政策。未来中国可能面临的两难境地。一方面，经济增速低于预期，财政赤字增加，财政状况恶化。另一方面，为满足最低限度的经济增长，需要进一步加大财政政策的扩张力度，而这又会导致财政状况的进一步恶化。但是，除了进一步加强财政政策的扩张力度之外，我国可能没有更好的选择。在这种情况下，为了抑制扩张性财政政策导致的挤出效应，为了使国债能够顺利发行，我国可能需要加大公开市场操作，实际上我们有可能考虑在中国实行"中国式"的 QE。

如何认识数字货币的理想与现实 *

杨涛　中国社科院国家金融与发展实验室副主任

一、数字货币理论与实践的起点

我们讨论货币的问题，归根结底离不开对现实经济社会一些要素的把握，数字货币问题也是如此。现在有很多对新经济、数字经济的统计，引用比较多的数据是数字经济对 GDP 贡献度是 1/3，我们认为这个数据还是需要商榷的。社科院前段时间也做了一个估计，结果表明数字经济对 GDP 的贡献度大约是 17%。随着数字化给整个经济社会带来了深刻的影响，金融也要发生一些与之相应的重大变化。金融的变化不仅体现在业务层面，更重要的是体现在金融基础设施层面。金融基础设施包括货币体系、支付清算、信用体系、技术标准化、关键信息、数据治理、金融软硬件、制度监管与合规、会计、信息统计、

---

* 2020 年 9 月 27 日，当代经济学基金会、上海发展研究基金会、复旦发展研究院、复旦大学经济思想与经济史研究所共同举办"2020 上海货币论坛——疫情冲击下的货币理论和货币政策"。本文是杨涛先生在论坛上的发言。

金融文化等。其中货币是最基础、最重要的,如果把这里的基础设施等同于经济社会发展的基础设施,支付工具就有点儿像里面的交通工具,货币有点儿像人流、客流,这是谈数字货币理论的起点和逻辑。

二、数字货币的概念、内涵与辨析

聚焦数字货币,一方面,我们要高度重视它带来的深刻影响;另一方面,也需要理性看待。我从基础方面谈几个概念。

第一个概念是法定货币,它是依靠政府法律确定的合法流通的货币。究竟怎么来界定法定货币的边界?实际上它的边界是在不断变化的,一个国家可以将本国的主权货币作为法定货币,但是也有极端情况。当年拉美地区出现了过度美元化,美元在某种程度上在某个国家的特定时期起到了法定货币的作用。当我们谈起人民币的时候,大家都觉得是我国的法定货币,但是它的内涵究竟是什么?有些人把人民币等同于纸币跟硬币,有些人觉得里面有更丰富的内涵。信用人民币总体上是一个相对模糊的概念,其具体边界也在不断变化。就法定货币的具体表现形式来看,按照国际货币基金组织(IMF)的统计方式和思路,通常有三种模式。

一是统计那些执行货币职能的各种金融工具,如通货、存款、外汇、票据、短期债务工具等。通常我们所说的货币供应量M0、M1、M2,就是基于此思路,而且各国的统计边界都有所不同。

二是从货币发行的主体来看，包括央行、存款货币机构、部分非金融机构等，其中央行发行的是基础货币。

三是从货币需求方来看，需要关注非货币发行企业和居民部门等的货币持有结构。每个角度是不一样的，各方使用比较多的还是从供给层面来讨论这个工具。讨论工具的时候其实有三个视角，一个是最狭义的视角，认为只有央行发行的通货（直接债务）才是法定货币，也就是大家通常谈的流通中的现金。更广义一点儿，可以理解为央行基础货币，也就是储备货币，包括货币发行、非金融机构公司存款等，这里面央行的掌控力和信用承担的最终性稍微比通货弱了一点儿。再往后就到了所谓广义的银行存款货币。现代法定货币体系是一个综合体系，央行存款性金融机构和非金融性公司都可以发行货币。但是不同主体发行的不同的法定货币，货币属性、信用等级、央行信用结算的最终性是有差异的。大家在讨论数字货币和法定货币的时候，可能有不同角度的讨论与界定。

第二个概念是与法定货币相对应的私人货币，即私人之间达成共识的一种交易媒介，只需要交易双方认可，但不能通过任何渠道向公众发行。在很多国家，发行私人货币是被法律禁止的，也有一些国家中相关的法律规定比较模糊。现代央行制度建立之后，法定货币虽然获得垄断地位，但私人货币仍然有其存在空间。法定货币的垄断地位并不意味着私人货币完全退出历史舞台，历史上发生法定货币体系崩溃、恶性通货膨胀之时，或者某些特定的群体、特定的场景对私人交易的中介有需求时，就需要私人货币的出现。比如20世纪20年代德国货币崩溃，出现了煤矿主发行的瓦拉(Wara)系统。当前世界各地还有一些基于互助的时间货币，用于提供与老年人相关的服务。私人货币过去一直存在，这是众所周知的，只是有时候各个国家的法律对它的界定不是特别清楚。现在到了所谓加密数字货币时代，过去大家认为影响有限的私人货币，现在变成打开的潘多拉匣子，需要予以关注。

第三个概念是明确数字货币的概念逻辑。通常很多人谈的数字货币其实是加密数字货币，但是现实中的概念五花八门。谈数字货币之前，当然首先要把"数字"二字搞清楚，然后才能加上法定，加上私人。这个"数字"背后蕴含着什么样的技术？关于这些虚拟数字货币或者虚拟资产，思路基本上都是建立在分布式账户基础上的。央行直接做的一套系统，可能是基于分布式账户，也可能是基于其他非传统技术。归根结底是背后的信息储存跟交换机制是用什么技术来建设的。国际清算银行把央行数字货币划分为通用型和批发型，前者可以被理解为零售型，通用型又可以分为基于账户型和基于代币（Token）两种，基于代币带来的颠覆效应会更加突出，短期内不是那么容易能够实现的。进一步来看目前的研究进展，多数央行主要是开展零售型央行数字货币（CBDC）的研究和试点，虽然有不同的动因，设计结构也不相同，但是通常都分为直接型和间接型。直接型是单层运行机制，据统计，有5个央行项目明确是直接型、单层型的运行机制，当然并不表明最后一定会推出这个类型的

CBDC。另外一类是间接型双层机制，但采用的机制并不完全一致，还有一些央行的运行机制不太明确。

除了零售型还有批发型，少数国家关注批发，主要应用于银行间大额结算及跨境跨币种的支付。零售型的本质是数字现金，批发型的本质是创新支付清算方式，二者的着眼点是不太一样的。私人数字货币现在更多了，除了一些现有的在数字货币交易所交易的，还有大量的山寨币，总体而言非常复杂。由此会衍生出各种各样的数字货币的融资行为。现在币圈最主要的行为有 ICO、IFO 等，归根结底都是为了规避现有的各国和证券有关的监管。很多国家对比特币、以太坊的界定往往不是金融资产，而是商品，以求尽力规避现有的监管责任。现实中各国都对这方面加强了监管和关注。

三、我国发展数字货币的未来路径

从货币体系来讲，我觉得短期内不太可能解决美元主导体制和国际货币体系的内在矛盾。未来真正有货币属性的加密数字货币有可能成为选项之一，但短期内无法做到。现有的这些数字货币，尤其是资产属性特别强的，对于全球金融市场的影响更加深远。

如何认识我们国家发展数字货币的未来路径？需要分几个方面来看。

第一，央行数字货币或者数字人民币，除了可以在一定程度上替代零售支付，更重要的是可以切入支付信息流量入口，强化交易信息的把控能力和反洗钱能力。短期内我们要避免同步进行人民币国际化和精准实施货币政策的一些要求，要一步一步地推动。

第二，积极推动国际化、央行间的"数字货币替代物"建设。这个过程本质上还是一个国际利益协调的问题，参与更多意味着责任与付出，而不是通过数字货币抢先占便宜。

第三，适当支持私人部门参与国际性的稳定币探索。未来在国际层面，私人部门稳定币是很重要的组成部分。我们能否允许合格的国内机构参与这种尝试？因为未来是一个彼此难以互信的状况，有时候政府信用想要走出去有困难，更多的还要靠民间信用互信并结合加密数字技术，这样也许能找到一点儿新的出路。

第四，对于众多的加密数字货币、加密数字资产，重点是金融消费者保护，引导市场健康发展，确保良币驱逐劣币。无论是基于大额支付清算、证券清算结算等领域所考虑的问题，还是关注对于货币政策、金融稳定的影响，似乎仍可以回到原来的货币电子化、数字化研究轨道上，跟新型数字货币的关联并没有想象中那么大。

总之，数字化时代必然带来数字金融模式的转变，进而需要数字化的金融基础设施变革，货币自然是最重要的基础设施要素之一。数字货币发展的大趋势不可逆转，但当前却不应过于"狂热"，尤其不能只为其发展而发展，更不应在其中嵌入所谓国家金融权力的兴衰更迭，这些观点都贻害无穷。事实上，不管一国货币是否数字化，其国内价值都是更好地承担货币功能、稳定价格信号、优化资源配置、服务实体经济等。而能否成为国际货币，关键并不在于其是否进行数字化改造，而是取决于背后的国家信用、市场接受程度、安全性预期、国际政治规则与一国涉外法律约束能力等因素。

民间稳定币对货币政策和资本管制的影响 *

马骏　清华大学金融与发展研究中心主任

我们为什么要研究这个课题？其中一个很重要的原因是，希望民间发起的稳定币可以用来做跨境支付。现在有兴趣以民间方式来发行稳定币的机构有很多，大部分还是考虑要将其作为一个支持跨境贸易的新的支付方式。基于这种目的，他们考虑了各种选项，但是主要的选项还是以区块链为基础的新的支付手段。

到底应该做哪些支付，可以慢慢琢磨，但要干这件事情就会遇到很多挑战和困难，比如民间稳定货币有没有足够的应用场景，有没有这么多用户相信你。一般来讲，央行第一次听到民间

---

* 2020年9月27日，当代经济学基金会、上海发展研究基金会、复旦发展研究院、复旦大学经济思想与经济史研究所共同举办"2020上海货币论坛——疫情冲击下的货币理论和货币政策"。本文是马骏先生在论坛上的发言。

的数字币都会比较紧张,就像Libra出现的时候世界各国的央行都比较紧张,都说有可能让洗钱活动找到了新的渠道,他们担心民间稳定币会不会成为逃避资本管制的渠道等。

民间稳定币对货币政策的冲击是什么?有以下几点。会不会对货币数量有冲击?假设有了一个类似Libra而且在中国可以用的东西,对人民币的基础货币、广义货币会不会有冲击?对我们的价格会不会有冲击?对人民币汇率会不会有冲击?对货币的可测性、可控性、统计等会不会有冲击?还有对货币政策传导机制有没有冲击?这个传导机制本身就是很复杂的事情,到底怎么定义,从一个利率传导到另外一个利率,传导的过程会不会受到一种新的民间稳定币的影响,这些似乎都需要研究。还有对金融稳定会不会有影响,是不是冲击或者替代了银行非常重要的一些业务等。除此以外,还有许多关于资本管制方面的问题。过去还没有民间币的时候,就有很多虚假贸易,管理起来十分困难,所以有了民间币以后如何防范洗钱、恐怖融资等也是个难题。

一、对货币政策的影响

民间稳定币在不同的场景下对货币政策有非常不同的影响,一定要分清楚具体是什么场景。我大致将其分成三种场景。

第一种场景是这种民间稳定币只能用来做跨境贸易支付,其他功能全都不能干。不能在境内做支付,也不能做在境内创造货币的存款、贷款等业务。在这种情况下,我们做了一个很简单的测算，由于这种民间稳定币只被用作跨境的贸易支付，这种数字币所能产生的对 M2 的冲击小于 0.1%。到底是怎么算出来的，这里面过程稍微有点儿复杂。比如说，人民币原来不用做跨境支付，现在用了，最多的时候占到 20% 的跨境贸易支付，由于人民币跨境支付在高点的时候所产生的资金池是有数量的，可以得出这个数量相当于 M2 的多少。我们拿这个作为一个对比。最后发现，假设新的民间数字币有这么大的能量，就像人民币国际化过程中替代了很多美元和其他币种的跨境支付所产生的对资金池的需求，假设外币性质的币替代了人民币，测算对 M2 的冲击有多大，结论是小于 0.1%。

第二种场景是既可以做跨境贸易支付，也可以做境内支付，成为第三方支付工具。如果民间币有这么大的能量能够与人民币并驾齐驱，占领第三方支付市场，那么对 M2 的冲击有多大？当然这个概念有点儿不清楚，到底是 M2 的冲击还是别的东西的冲击，我所讲的资金池相当于 M2 的多少。第三方支付发展所产生的备付金的余额有多少，假设能够占领第三方支付的一半市场，这一种新的民间稳定币产生的资金池的规模只有 M2 的 0.4%。

第三种场景是既可以做跨境贸易支付，也可以做境内支付、境内做存贷款，在这种前提下，那就可以创造货币了，而且我们假设没有存款准备金率，并且创造货币的能力还很强。我们也做了一些比较复杂的假设，假设这种新的货币的资金池可以替代人民币法定货币，最后计算出所产生的资金池最多相当于

M2 的 3%。以下，我分析了三个场景下对法定货币替代的强度。

第一个场景，对于只做跨境贸易支付，我们用香港离岸人民币的存量作为参照系，这是历史上曾经发生过的一种货币对其他货币的替代。替代的存量有多大，我们就假设高峰时香港的人民币有多大，离岸的存量在 1 万亿元人民币左右，对当时离岸人民币所承担的跨境支付的总量、贸易量做一个比较。解决了多少跨境支付的量，与需要多少存量之间有一个比例。假设民间稳定币也干同样的事情发挥同样的功能，它能够承担多少比例的中国对外跨境贸易支付，我们就能够推导出来会产生多大的存量。再假设民间稳定币可以替代人民币的法定货币，理论上来讲就是对于人民币的冲击的程度或替代的程度，当然里面还有很多细节的小假设，这是一个定义。

第二个场景，如果在境内可以做支付，我们就选择第三方支付机构这么大的支付量，沉淀下来的备付金有多少，这是我们选择存量的概念。这个备付金其实也不多，最后跟整个 M2 做比较有一定的比例。假设一个新的民间稳定币也承担同样的境内支付的功能，从量上来讲可能对我们法定货币的存量有多大的冲击。

第三个场景，如果这种新的民间稳定币也可以用来做存贷款，不管是银行体系还是非银行体系，假设能具备这个职能的可能是第三方借贷机构，它用民间稳定币进行借贷款，这种情况下可能会对法定货币的存量有多大的冲击。在目前中国外汇管制的情况下，也允许外币进行存贷款业务，但其总量加起来只有3%左右的存贷款。再假设在目前的政策体系之下，新的民间稳定货币也可以来做类似于外币的存贷款，占M2的比例也不太可能达到3%。

这就会给大家一个量化的结果，民间稳定币对货币政策有多大的影响，不是一种抽象的恐惧。其对量的影响这么小，对价的影响也不会太多。对利率、汇率、金融稳定或者对商业银行利润的影响都是非常有限的。只有一种情况下其对金融体系货币政策的冲击会很大，就是类似于美元化的一种状态，比如柬埔寨美元化、拉丁美洲的很多国家美元化。在非常极端的情况下，资本账户完全开放，而且这个国家的宏观管理一塌糊涂，出现恶性通货膨胀，本地币不断大幅度贬值，这个情况下出现另外一种货币大规模替代本国法定货币，当然会对本地货币有很大的冲击。其原因不是出现新的币种，而是本国的货币政策搞得一塌糊涂。我们对我国很有信心，这种情况出现的概率是零。

二、民间数字币对资本管制的影响

这有点儿像一个新的外币，如果让它自由流动，让它可以自由跨境支付，而其他的都不让，那么自然会产生很大的冲击。我们现在所有的资本管制的做法都会被冲击掉，所以我们还是要集中精力规避对目前的外汇管制的冲击。对此，我们设计了几个方法：

第一，民间稳定币的机构可以在中国内地、中国香港、中国澳门都设置一些分公司。对中国澳门、中国香港的冲击其实也不大。对内地来讲，把它设在什么地方，能不能设在一个自贸区里，甚至是以自贸区账户的类似形式加以监管，可以在某一个自贸区里设立一个以区块链为基础的跨境支付，让他们在小范围中进行试验，来测试民间币对资本管制到底有多大的冲击。

第二，选择一些试点企业。比如说中国石油或者中国石化，从内地向香港先支付一下，选几个非常靠谱的大企业，设立一个白名单，选择试点企业进入这个体系。

第三，要求这个系统做跨境支付的时候只能做进口的付汇或者出口的收汇，按照现行规定接受外汇管理局的检查。也就是说外管局做的所有事情，都严格按照现在的做法进行，只是监管的对象可能有所变化，这件事情也可能由银行来做，还可能由一个数字货币的发行机构来做。

第四，参与试点的境外机构可以是境外的金融机构，也可以是境外的数字货币发行机构，与参与试点的进出口企业按照当前跨境贸易的流程来办理业务。在这个基础上做成一些交易，便可总结一些经验，发现并处理潜在的漏洞，然后逐步扩大试点。

Libra 退够了吗

——信用货币时代的数字货币和法定数字货币*

乔依德　上海发展研究基金会副会长兼秘书长

2020年10月13日，七国集团（G7）财长和央行行长会议发表了一份声明，G7认为在通过适当的设计以及遵守适用的标准来充分满足法律、监管和监督要求之前，任何全球稳定币项目都不该开始运营。这一规定旨在针对以Libra为代表的稳定币。我将以Libra白皮书推出这一年来的变化作为一个案例来描述信用货币制度与数字货币之间的关系，进而推导货币的物理形态跟货币制度之间的关系。

---

* 2020年9月27日，当代经济学基金会、上海发展研究基金会、复旦发展研究院、复旦大学经济思想与经济史研究所共同举办"2020上海货币论坛——疫情冲击下的货币理论和货币政策"。本文是乔依德先生在论坛上的发言。

一、从白皮书 1.0 到 2.0，Libra 在后退

2019 年 6 月 18 日，Facebook 白皮书 1.0 发布，主要有以下几个特点：第一，它的目的是建立一套简单的、无国界的货币和为数十亿人民服务的金融基础设施；第二，它是一个是私人全球稳定币，以区块链为基础，一篮子储备货币为支持，由一个独立的 Libra 协会管理。全球有 27 亿人使用 Facebook，其发展前景充满了想象空间，引起了全球关注。

2020 年 4 月 16 日，Facebook 又推出了白皮书 2.0，对其目标的表述是建立一个简单的全球支付系统和金融基础设施，旨在让数十亿人受益。这里去掉了货币，这是白皮书 2.0 跟 1.0 表面上的最大区别。具体的变化有四条：第一，以前完全是锚定一篮子货币，现在是锚定一个货币，当然并没有放弃锚定一篮子货币。第二，对合规性进行了加强。第三，放弃未来向无许可系统的过渡，用区块链来描述以前是公链，以后不朝公链发展，朝联盟链发展。第四，储备系统当中加强了很多保护性的措施，以及 100% 的储备金，而且都是短期现金。

二、Libra 退够了吗

我觉得 Libra 没有退够。所谓"退够"是指 Libra 设定的目标要能够得到大部分政府的同意并能得以实施，我觉得 2.0 还做不到这点，因为 Libra 有两个痛点。第一个痛点是 Libra 数据隐私保护权的设置不够完善，资金运作存在风险，特别是 2019 年

白皮书 1.0 出来之后美国国会多次听证，主要抨击其数据与隐私保护方面不够完善。此前，Facebook 被罚了 50 亿美元。白皮书 2.0 对这个问题做出了很大的改进。第二个痛点是它损害了其他国家作为主权国发行法定货币的主权。虽然白皮书 2.0 表面上没有提货币，但实际上还是包含了货币的内容。白皮书 2.0 当中也举例，如果美国有一个居民要向其他国家汇一笔美元，可以先将美元换成 Libra，通过 Libra 汇到其他国家，再在该国换成当地的货币。实际上 Libra 已经是起了货币媒介的作用，所以这个痛点还是没有解决。

2019 年 7 月 1 日，中国人民银行原行长周小川在讲话中提到，当前央行的使命和组织构成是现代文明一个重要的产物，至少目前来说，这与商业机构的目的和使命相距甚远，尚难相信冲击这一文明能有好结果。也就是说，私人稳定币跟现代文明是有冲突的。法国经济部长认为无论是政治主权或者是货币主权都不能与私人利益共享，这可能代表了大部分主权国家的想法。白皮书 2.0 也提出 Libra 不会影响法定货币的发行，甚至 CBDC 发行的数字货币可以在 Libra 上面运行。我觉得这点儿不现实，没有主权国家会允许主权货币在 Libra 上运行。

另外，Libra 的信用程度不足。货币的本质是信用，但是各种货币的信用程度未必是相同的。信用有几种，第一种是普适性信用，即你可以预测你使用的这个交易媒介或者货币将来不会被别人拒绝，这种心态叫普适性信用。第二种是中间人信用，即我愿意把我的财产或者商品让渡出去，我相信的是中间人，最明显的例子就是作为第三方的支付宝。第三种是强权者信用，我愿意做这个交易，因为我相信这个是强权，这种信用的最主要的代表是现代政府。Libra依赖的是中间人信用，利用Facebook强大的网络推广，但是还达不到强权者信用。

G7有一个工作组分析了包括Libra在内的稳定币所面临的问题，最后得出的结论是在没有解决全球稳定币可能产生的挑战和风险之前，任何全球稳定币项目都不应该被实施。

三、信用货币制度的意义和缺陷

我们现在讲数字货币，要关注其是在一个什么状况下运行的，这就涉及信用货币的意义和缺陷。提到货币，很多教科书以及文章基本上都会讲货币的物理形态变化，如货币从原始的贝壳、毛皮、贵金属发展到纸币。但马克思说，货币是一种社会关系，不是一种物质。因此我们看货币要去看其背后的社会关系，而不应仅关注其物理形态的变化。我们应该据此对其进行分类。

第一类是本身具有价值的货币。第二类是在货币本位下的各种形式的货币，如金本位下面有各种各样的货币，可以是纸币，也可以是铜钱，但都是依附于一个货币本位。第三类是当前纯粹的信用货币制度。瑞·达利欧（Ray Dalio）在他早前的一篇文章中讲述了货币信贷和债务是怎么改变世界的，他提到了三种货币（如图2.9），跟我的想法不谋而合。第一类是金属货币，第二类是依附于金属货币之上的权益，第三类是法币。但我不同意他最后一个说法,他认为法币还要回到金属货币,我觉得是回不去的,马车时代过去了,汽车再不好也不会回到马车时代。

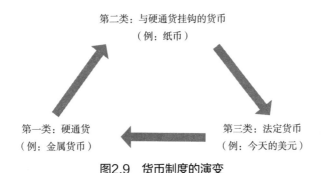

图2.9 货币制度的演变

资料来源:瑞·达利欧,《货币、信贷和债务是怎么改变世界的》。

总之,之前提到的货币制度与信用类别之间到底有什么关系?第一类是本身具有价值的货币,是普适性信用,所以它的信用风险最低,但是成本最高,瑞·达利欧认为这种货币可靠性最强,信用的额度最少。第二类是货币本位下的货币,属于中间人信用,信用风险及成本都属于中间。最后一类是信用货币制度,靠的是强权者,即政府,这种的信用风险最高的,但成本最低。信用货币制度的特点是以国家信用为支撑,不需要其他任何物质作为支撑,应该非常强调这点,因为很多自媒体上的文章都讲人民币发行是以外汇储备、美元储备作为支撑的,这些都是不对的。驳斥的理由很简单,以前没有外汇储备的时候人民币照样可以发行。

表2.1 货币制度与信用类别、信用风险、交易成本的关系

货币制度	信用类别	信用风险	交易成本
本身具有价值的货币	普适性信用	最低	最高
货币本位下的各种货币	中间人信用	中间	中间
信用货币制度	强权者信用	最高	最低

资料来源：上海发展研究基金会。

现代中央银行的建立与完善和信用制度的出现是相关或者同步的。现代中央银行的特点是对法币的发行具有垄断地位。中央银行发行货币的权利不受任何有形条件的限制，但是受经济规律内涵的限制。货币发行的数量没有公式。简而言之，"水多了加面粉，面粉多了加水"。这很不理想，但是这是现实，因此它有很多缺陷，缺少强制性的制约。在全球范围内，一个国家的主权货币充当了全球信用货币。国际储备货币体系最好的选择是超主权的特别提款权（SDR），但是现在不现实，没有一个全球的中央银行就不可能有全球的储备货币，没有全球的中央政府也不可能有全球中央银行。次优的选择是多元储备货币体系。2011年，世界银行发布的一个报告做出预测，到2025年，国际储备货币体系会有三个场景：第一个是美元仍旧独霸天下，第二个是多元储备货币体系，第三个是SDR。当时该报告认为第二个场景最有可能，包括本人在内的许多人都倾向同意这个预测，现在回过来看还是太乐观了，到2025年可能美元还是占统治地位。但是从长远来看这个局面是不能持久的，美元不可能永远称霸。虽然美元现在提供了安全资产，但是随着美国

经济占全球经济的比例不断下降，其提供的安全资产将逐渐不足以满足全球的需要，所以它迟早要失去垄断地位，而人民币、欧元的地位会上升。至于各个国家内部，目前主要依靠双协调来克服信用货币制度的缺陷，也就是靠货币政策与财政政策协调、货币政策与宏观审慎协调。

四、央行数字货币的若干问题

数字货币不能从根本上改变当前的全球货币体系，但是可以局部改善，例如在跨境支付方面改善目前令人不满意的状况。各国CBDC可以协调建立统一的技术标准，以便今后互通。这里也出现了一些设想，比如英格兰银行前行长马克·卡尼（Mark Carney）提出的HDC，就是霸权数字货币，但是他从来没有给过任何具体的解释，eSDR也还只是一个设想。私人部门可以起一定的作用。国际清算银行（BIS）将CBDC分了四类：第一类直接由央行完全创建和管控；第二类和第三类是混合型、中介型，私人部门能起一定的作用，BIS把中国的数字货币定义为混合型的；最后一类是综合型，央行完全委托给私人部门，但是现在还没有任何一个中央银行采取这个办法。

DCEP可以为人民币国际化提供某种方便，但人民币国际化主要取决于制度安排，并不取决于货币形态，所以不要夸大数字货币的作用，还是要实事求是。

在考察和理解货币时仅仅关注其物理形态是不够的，我们必须将货币放到货币制度的框架下进行分析。物理形态的演进不等于货币制度的突破。当前信用货币制度是各种货币制度演变的结果，它跟当前的货币理论、货币政策密切相关。对信用货币制度的特点我们研究得还是不够。

最后我们要警惕和克服"科技至上"主义，其表现是认为科学可以解决一切问题，把描述自然界的方法套用于人类社会，忽视科学可能会引起社会规范和伦理道德问题。反对"科学至上"和鼓励科学创新并不矛盾。"科学至上"与现在世界上流行的"反智主义"是两个极端，一个是认为科学解决一切问题，一个是完全不相信科学，这两个极端都是错的。

第三篇

赤字货币化和现代货币理论：
思辨和探索

非常规货币政策与赤字货币化 *

阿代尔·特纳　英国金融服务管理局前主席
黄益平　北京大学国家发展研究院副院长
　　　　北京大学数字金融研究中心主任

在全球金融危机爆发后,发达国家曾实施非常规货币政策,然而目前正在重新实施。为什么会这样?这项政策的后果是什么?中国经济学家讨论的赤字货币化在中国是否可行?为了回答这些问题,基金会邀请了阿代尔·特纳勋爵和黄益平教授两位专家对以上问题作了回答。

阿代尔·特纳:首先,我想回顾一下有关如何刺激经济的一些基本理论,以及名义债务总额的来源。1948年,米尔顿·弗里德曼(Milton Friedman)写了一篇题为《经济稳定的货币和财政框架》的论文,讨论了政府应该使用什么政策来刺激一个

---

* 2020年6月2日,上海发展研究基金会举办系列座谈会。本文是阿代尔·特纳(Adair Turner)勋爵和黄益平教授所作的主旨演讲及讨论。

经济体的名义总需求。现在,人们问的第一个问题是,目前的情况是否适合刺激名义总需求?如果一个经济体的增长速度已经与其生产能力相符,通货膨胀率等于或高于实际增长率,那么根本没有理由刺激名义总需求。但在某些情况下,实际增长率低于我们认为的理想水平,或通货膨胀率低于我们的目标,政府和央行通常会共同努力刺激名义总需求。假设我们今天正处于这种情况之下,政府应该怎么做?政府要执行财政赤字,发行债务,这是由私营经济部门购买的,凯恩斯在《通论》中描述了这一点。关于这一理论的讨论一直在持续,因为财政赤字可能会刺激经济。所有人都试图通过货币政策来刺激经济。我们相信,各国央行会以降低利率的方式刺激投资或消费。通常,要么是由政府实施财政刺激,要么是央行实施货币刺激,或者两个一起做,但它们是相互独立的。

1948年,弗里德曼提出,这些刺激经济的方法过于复杂,没有必要实施,而且可能不稳定。因此,弗里德曼主张一种更简单的方法:在这种情况下,政府应该实行财政赤字,并通过印钞来融资。实际上,他表达了以下内容:"假设GDP是100,货币供应量为100,决定2020年名义需求增长4%,那么,在通胀率为2%的情况下,实际增长率可能为2%。"弗里德曼说,只要运行等于4%的预算赤字,通过印钞票就能为预算赤字提供资金。因此,到年底,名义GDP将达到104%,货币供应量将为104,未来政府不会有需要偿还的债务,所有的预算赤字都是通过货币融资。他认为,这是当时我们应该做的。

然而现在我们一般不会这样做。弗里德曼是为了促进经济稳定而提出货币和财政框架，但实际上他的提议通常被认为是行不通的，因为大多数人担心它会导致不稳定。如果我们允许政府印钞或央行替政府印钞，最终可能会造成政府或央行印钞过度。因此，我们禁止中央银行这样做。我注意到，学术领域也对相关问题争论不休，有人提出如果我国陷入财政赤字，并且通过中央银行印钞票来填补，就会导致高通胀以及秩序规范的缺乏。实际上我同意这是一个很危险的问题，历史上确实出现过这样的教训。不是只要增发钞票，就可以解决这个问题，也不是出现了财政赤字，中央银行就要印钞。例如，阿根廷的通货膨胀率一直保持在20%、30%或40%，它出现了财政赤字，中央银行为他提供资金，导致系统内部缺乏规范。还有，过去德国和现在的拉丁美洲许多国家都存在通货膨胀，后来导致了更为严重的通货膨胀。因此，如果我们要进行货币融资，必须有非常严格的秩序规范。

2016年4月，伯南克在布鲁金斯学会的一篇论文中提出了一项建议，即如何对货币融资的使用进行规范。毫无疑问，货币融资的问题在于如何约束它，但货币融资的危险必须与任何替代方案带来的风险相平衡。现在，通过货币政策刺激经济的标准方法是中央银行降低利率，我们认为在某些情况下，这将刺激私募债券的产生。银行资产负债表的资产会自动扩张。通过货币乘数，银行资产负债表中的负债方创造私人资金，赋予企业投资能力或赋予消费者购买能力。通过这种投资和消费的传导机制来刺激经济。在经典理论中，银行只为良好的生产性项目提供信贷，这些项目的回报率高于利率。价格理论早在1904年就有了。我们有一个理念，即用私人信贷和货币作为刺激经济的机制。我们有一个体系规范，因为银行建立了硬性预算约束，以便确保只有好的投资项目才能获得资金。

但问题是，在现代经济社会中，要实施这一策略会受到许多限制。在现代经济中，绝大多数银行或其他信贷都为房地产融资，导致房地产投资的浪费，如果了解《大抵押》（*The Great Mortgage*）中描述的银行系统抵押贷款的方式，你就会明白我为什么这样说。从1950年起，世界银行体系从生产性投资基金转变为采用房地产银行的方式。在信贷扩张周期的上升期，信贷被扩展到支持投机的方式，造成了大量的投资浪费。例如在2008年金融危机发生前后，西班牙、爱尔兰、英国和美国给我们留下了大量债务积压，这使得刺激经济变得非常困难。我们从低利率刺激、信贷过度、浪费投资的环境，转向了一个低利率完全无效的环境，这就是2008年之后的环境。在西方世界，央行将利率降至零时，经济几乎不会发生什么变化。2009年后，各国央行将短期政策利率降至零，将长期政策利率降至非常低的水平，希望借此刺激投资和消费。但在那种环境中，如果你已经承担了非常大的债务，降息就是无效的。

实际上，过去10年来维持发达经济体运行的是扩张性财政政策。日本的财政赤字一直维持在GDP的4%—5%。美国将其居高不下的财政赤字，从2009年占GDP的约10%降至约3%。

第三篇
赤字货币化和现代货币理论：思辨和探索

2016年经济放缓时，它又重新扩张。当个人有大量的债务积压，且私人信用创造的过程受到抑制时，只有财政刺激才能维持经济的发展。在这种环境下，政府发行了大量债务。所以他们开始担心，如果只是简单地发行大量债务，并以传统方式为债务融资，是否会再次推高利率，产生挤出效应，从而抵消财政刺激。这就是为什么世界各国央行一直在遵循量化宽松政策。现在央行刻意否认量化宽松是货币融资，他们认为这些都是纯粹的货币操作，最终会被扭转。但至少在一些国家，这是一个信号，这也是一个传奇，它应该和《哈利·波特》放在同一个书架上。

日本实施货币融资，日本的债务总额是GDP的250%，超过GDP100%的债务由日本银行持有，这实质上是债务的永久货币化。但是如果采访日本央行行长，他还是会否认自己实施货币融资的，他会说这只是一种货币操作。但实际上，这就是货币融资的一种方式。

从1942年中期开始，财政部和美联储之间达成了一个协议，无论财政部出售多少债务，美联储都要购买足够数量的债券以确保长期利率永远不会上升。结果联邦储备资产负债表不断增加，直到1951年这一协议才被终止。但美联储的资产负债表从未缩水，只是名义上保持在同一水平。弗里德曼和安娜·施瓦茨（Anna Schwartz）就是据此在《美国货币史》中对美国如何支付二战的账单进行描述的，即大约50%是税收，30%是债务，20%左右是货币融资。如今，世界各地的央行都在进行大规模的量化宽松操作，其中的许多操作最终都会变成货币融资操作。它们将有效地使财政当局能够运行更大的预算赤字，而不会产生过度通胀。

最后，我想对中国作一些具体的评论。第一件事，中国目前正面临经济复苏的挑战，在新冠肺炎病毒疫情危机暴发之后，中国比发达国家更有效、更迅速地渡过了这场危机。中国经济的供给侧正在恢复生产能力，但现在面临着欧洲和美国需求的萧条，因为欧美受到了危机的影响。因此，中国将不得不刺激国内需求，以抵消外部需求的低迷。这与2008年末、2009年初全球金融危机后中国面临的挑战类似。中国在当时释放了世界上有史以来最大的建筑热潮和国内投资热潮，投资占GDP的43%—48%。当时实施的刺激措施基本上是通过银行和影子银行部门的信贷扩张来实现的，而不是通过扩大财政赤字。这是一种信贷扩张，有效地刺激了经济，但它有三个主要的缺点：第一个是产生了大量的投资浪费，尤其是在房地产领域。中国大约有15%的公寓无人居住，因为是为投机而建或为投机而买的。尽管习近平主席提出"房子是用来住的，不是用来炒的"，但中国依然有一定的房地产泡沫，这导致过量的房地产项目将会停止，因为它们超出了国家的需求。同时，中国很快就会面临人口下降的问题。第二个是银行和影子银行的杠杆率大幅扩张，从50%增长到250%。央行花了5年时间试图控制这种情况。第三个是能源和气候变化方面。这种扩张涉及浇筑混凝土，而浇筑混凝土是碳密集的，有5千兆—10千兆吨。我们现在不必在房地产、浇筑混凝土和传统基础设施等方面过度投资，应将扩张的重点更多地放在高科技行业上，从而使中国的生产能力适应全球经济未来的发展。

第二件事，我们看到财政赤字有所扩大，从占 GDP 的 2.6%增至 3.6%。实际上，我们看到的大部分扩张都是通过发行债券和信贷扩张实现的。中国财政赤字规模比 2019 年增加了 1 万亿元人民币，同时发行 1 万亿元人民币抗疫特别国债，专项债券为 3.75 万亿元人民币。中国承诺，信贷增长速度要快于 2019 年的 11%。据说所有这一切将创造一种扩张，因为这主要是由银行和信贷系统完成的，所以会更规范。但我认为情况并非如此。有这样一种观点，即当你通过信用系统和借钱来做事情时，有一个信用评估系统就会进行控制。但我们没有意识到这是多么不受约束，会造成多少投资的浪费。尤其是在中国，因为银行系统是国有的，对于许多国有企业的借款者来说，这个系统充斥着约束。这意味着，信贷扩张领域与中央政府直接财政支出领域一样危险。在经济理论中，我们系统地夸大了信贷扩张过程受约束的程度。

第三件事是中国在过去以间接的方式有效地进行了各种形式的货币融资。如果回顾银行系统的大规模资本重组，我认为在 2003 年或 2004 年，国有银行基本上已经破产了。它们把不良贷款转移到资产管理公司，那些资产管理公司发行了债务，这笔债务由中国人民银行购买。这是一套复杂的资产负债表操作，但其背后是一个货币融资的银行资本重组计划。因此，我们能清楚地看到，在中国的体制内，中国人民银行直接向国有银行提供贷款，任何地方都有各种形式的间接货币融资在发挥作用。总之，当你遵循弗里德曼在1948年提出的使用公开的货币融资来刺激经济时，这是很直接的作用。危险在于政府可能想要做得更多。如果试图通过信用体系刺激经济，那也会造成不守规范和投资浪费。因为根据明斯基和哈耶克的描述，信用本质上是真实的，所以，我在《债务和魔鬼》(*Between Debt and Devil*)一书中描述了这样一个事实，即我们正在可供选择的风险之间进行选择，有一些债务是有规范的，但也有可能扩大到过度。所以不要自欺欺人地认为通过对货币融资加以限制，就会拥有一个完整的规范体系。要知道不守规范的危险不仅存在于政府的金融体系，也存在于私人的信贷体系。所以问题出现在政府的财政系统上。我们能约束它吗？2016年4月，伯南克在布鲁金斯学会上指出，可以通过一些机制来规范货币融资。在某些情况下，货币融资可能是合适的，但是你需要给一个独立的中央银行完整的权力来决定应该发起多少货币融资。因此，某些机构（在美国联邦储备委员会、英国央行货币政策委员会）会说，在这些具体情况下，我们认为对政府来说，风险较小的刺激经济的方法是扩大赤字，我们会为他们印钱来达到这个目的，这是我们独立的央行的判断，比进一步降低利率和试图通过信贷扩张机制刺激经济的风险更小。我同意在某些情况下，这是风险较低的做法。我认为这些情况在今天的中国可能也存在。

黄益平：我也分享一下我对于非常规货币政策的原因、影响和可能的后果的一些看法。我不会直接谈及财政政策的货币化,但这将对我的论述产生一些影响。阿代尔先生提到了弗里德曼的两本书,其中一本我花了很多时间阅读,就是弗里德曼与安娜·施瓦茨的合作作品——1963年出版的《美国货币史》。实际上,这是引领我开始理解货币政策应该如何运作的著作。弗里德曼的基本出发点是,在1929年之后的大萧条期间,货币供应发生了什么变化。他制作了一张图表,显示1929年之后货币供应M1实际上出现了显著下降。在他的想法中,这是人们会在经济衰退和大萧条时期做出的第一选择,联邦储备银行没有对这种情况做出反应是错误的。现在讨论得越来越多的另一个观点是美国在1930年大萧条发生时所做的事与今天也有联系,美国政府当时采取的是贸易保护主义政策,大幅度提高进口关税。他们认为这种行为是正确的,但最终的结果表明,这让大萧条变得更糟了。我从弗里德曼的书中了解到,在大萧条期间货币供应萎缩可能是经济崩溃时中央银行的作为所导致的。

但如果回头看这背后的机制,这个事情显然要复杂得多。第一,如果观察后面的M1,会看到它实际上运行得非常稳定。因此,基础货币没有崩溃,这至少意味着联邦储备银行没有收缩货币供应,而是保持了稳定的基础货币。第二,经济学家们指出,由于美国当时实行金本位制,货币供应实际上并不是由美联储决定的,而是由黄金储备决定的。由此我们学到的是,在大危机的时候,央行或许应该尝试采取一些反周期措施来稳定经济。

伯南克通过阅读弗里德曼的《美国货币史》开启了自己的研究生涯，他实际上接受了弗里德曼的观点。后来，在全球爆发另一场大规模的金融危机时，他成了联邦储备银行的主席。因此，他倾向于采取更激进的货币宽松政策：第一是将利率降至几乎为零；第二是提供令人惊讶的资金供应，包括量化宽松；第三是为了稳定金融市场，防止系统性金融危机。

日本中央银行实际上在2003年就实施了量化宽松政策。但是，世界范围内的量化宽松和非常规货币政策真正开始于全球金融危机时期，美联储是实行这两种政策的代表。所以重点是，如果从大萧条中吸取教训，我认同中央银行应该采取一些措施来稳定金融市场，防止其陷入系统性金融危机，并稳定经济。所以我认为他们在那段时间都做得很好。在2008年和2009年，美联储、欧洲央行、英国央行都做了非常相似的事情。我认为这可能是一件好事。欧洲央行行长克里斯蒂娜·拉加德（Christine Lagarde）对这种政策的描述可能是最恰当的，就是所谓的"不惜一切代价的政策"。当危机冲击着经济、冲击着市场时，中央银行应该尽一切努力稳定金融体系。这是我的第一个观点，当大规模危机来临时，我们应该期望中央银行去做正确的事情。当央行一起行动，你就会发现它起作用了，它阻止了金融危机的恶化，甚至阻止了经济活动的崩溃。

我们都知道央行在困难的时候应该积极进取，但引入非常规货币政策比较容易，令其退出却困难得多。到目前为止，我

第三篇
赤字货币化和现代货币理论：思辨和探索

们确实没有一个很好的固定公式或程序来确保非常规货币政策能在适当的时候退出。可能唯一做了点儿事情的中央银行，就是联邦储备银行，但由于这场严重的全球健康危机，他们很快就失去作用了。之所以难以令其退出，有两个原因：第一个原因是在政治上，放松货币政策比收缩货币政策更受欢迎，因此央行很难大幅挤压经济。第二个原因是现在大多数主要的中央银行都在以某种方式关注所谓的通货膨胀目标。如果在大萧条或金融危机之后，经济没有恢复正常，那么就没有理由退出货币政策。例如，在日本，由于经济仍然疲软，零利率持续存在。但问题是，我们应该何时从非常规货币政策中抽身？如果我们永远不退出，未来其他问题还会继续困扰我们。因此，无论是出于政治原因，还是因为货币政策机制，退出都非常困难。我想这就是我们看到的一个世界性的现象。

如果我们不退出货币政策机制，会发生什么？我们能想到的可能出现的问题和情景有很多。其中一个很明显的就是所谓的恶性通货膨胀。如果货币供应增加如此多，流动性条件变得如此宽松，一个可能的后果就是高通胀，我们已经在世界各地多次看到过这种情景。事实上，我国在20世纪40年代也有过类似的经历，当时政府发行了很多货币，通货膨胀率很高，最终导致金融体系和经济的崩溃。华尔街预测也许另一次大的恶性通货膨胀即将到来。但如果我们真的看到了高通胀，那将有助于吸收高杠杆率，因为政府很难去杠杆，高通胀将有助于消化负债。如果我们确实看到了高通胀，那么可能随后会看到迅速加息的货币政策。因为控制通胀目标意味着,如果通胀率上升,货币政策就必须收紧,这就是高通胀的坏处。但是这是一个相对较好的方案。这是第一种情况,其可能的后果是,高通胀不会到来,而通胀率依然存在。

纽约大学维拉尔·阿查亚(Viral V. Acharya)教授曾经担任印度储备银行副行长,他曾发表了一篇论文,其基本论点是,在一个货币状况已经过度宽松的经济中,进一步放宽货币政策将为僵尸企业注入更多流动性,这可能导致相对高的就业率和相对活跃的经济。在这种情况下,即使经济增长和就业情况良好,但实际上价格下降了,你不会看到通货膨胀。你甚至会发现通货紧缩已经成为当今世界必须处理的问题,传统经典的货币理论不再起作用。当货币政策进一步放宽时,经济质量恶化,通货膨胀率下降,这就造成了进一步的问题,因为大多数中央银行会说没有通货膨胀,没有理由通货紧缩。这是第二种情况,我认为这将是非常糟糕的情况。

第三种可能的情况,就像全球金融危机爆发前,艾伦·格林斯潘(Alan Greenspan)担任美联储主席时美国发生的情况一样,有相对稳定的通货膨胀率、强劲的增长、低失业率。当时我们都认为这是奇妙的宏观经济组合。有人甚至说,宏观经济政策达到了人类历史的黄金时代。因为无论发生什么问题,中央银行都能将其稳定下来,这是一个了不起的成果。现在,回顾过去,我们知道的只是表面现象,实际上一场巨大的金融危机正在酝酿,并导致了之后全球金融危机的爆发。这是我认为可能出现的第三种情况,金融风险在暗暗累积,这可能比全球金融危机的规模要小,但这仍然是需要担心的事情。因此,我们必须意识到,退出将非常困难。

那么,我国作为一个新兴市场经济国家,应该如何应对?目前的主流观点是,我们应该维持正常的货币政策,我同意这一点。我认为,我们还没有到将利率降至零,并采取非常规货币政策的阶段。但我们必须承担美国、英国、日本和欧洲非常规货币政策的一些后果,因为国际货币的问题将导致经济萧条或金融不稳定。我们必须意识到,金融市场会有很大的波动。事实上,在2014年和2015年,美国开始谈论退出量化宽松时,我们已经看到了一轮波动。那段时间我们的货币面临着资本外流的压力。我们应该意识到这种波动性。因此,我的建议是,非常规货币政策的退出将非常困难,我们应该让自己的"房子"井井有条,以抵御有一天可能到来的风暴。

阿代尔·特纳:我认为黄益平教授的话有三个非常重要的观点。第一,我绝对同意我们必须从1929年之后发生的事情中吸取教训。我认为所有经济专业的学生都应该读一读的弗里德曼的《美国货币史》,但我不同意他们的政策方案,我认为20世纪20年代在美国发生的事情,没有不负责任的财政行为。哈耶克和明斯基很恰当地描述了经典的信贷融资,信贷和私人资金增加造成了1929年的危机,随着信心的崩溃,经济以及银行系统也崩溃了。在那种环境下,无论你提供多少流动性,无论利率降到多低,都不会让经济再次运转起来。在私人信贷过度增长然后崩溃的环境下，你必须使用财政政策来刺激经济。1929年之后，只有财政政策推动了全球经济的再次复苏，而一定程度上财政政策就是货币融资。这就是1931—1935年日本所做的事情，这就是希特勒政府央行行长沙赫特的做法。在美国，只有战时动员使经济恢复了运转，而战时动员是用巨额财政赤字来支付的，这些赤字在一定程度上也是以货币形式提供的。

第二，黄教授谈到了僵尸企业和退出的困难。如果我们试图通过财政刺激经济，试图通过将利率降至零甚至负利率，让经济再次运转，我们要做的就是增加债务，增加更多的私人债务，以至于无法提高利率。因为在债务累累的情况下，如果提高利率，就可能会引发一场危机。我认为，他们正试图以完全货币化的方式刺激经济，这让我们陷入了僵尸企业、私人信贷和债务过多的陷阱，我们几乎不知道如何走出这个陷阱，这是我们目前所面临的危险。

我认为摆脱困境的方法之一，是在必要时进行融资，扩大财政赤字。这是提高利率的根源，因为它能够使经济再次运转。从本质上说，由于二战期间的大规模财政刺激，美国的利率在20世纪50年代再次上升。

第三，我们不知道什么是危险的平衡，太多的刺激总是有可能过头，会产生一种普遍的通货膨胀。但我必须要说，目前通货紧缩的危险更大。2019年布鲁金斯学会的一篇论文指出，企业的储蓄率和私营部门的投资率组合产生了一种关系，这种关系往往会抑制需求，也会产生难以置信的低均衡和实际利率。

在新冠肺炎疫情暴发之后，可能会出现世界各地的预防性储蓄率的上升。当危机发生时，我们将看到更高的企业储蓄率，企业的投资需求将受到抑制。在那种环境下，虽然不能确定，但我更担心的是人们所说的"日本化"，我看到发达经济体都开始看起来像日本。

黄益平：关于阿代尔·特纳先生对于大萧条的观点，我认为我们从这项研究中得到的关键教训是，在发生重大危机时，如何在稳定系统和解决道德风险问题之间进行权衡。事实上，这是亚洲金融危机期间的一个主要争议。当时我们正处于亚洲金融危机之中，国际货币基金组织告诉大家要解决更多的道德风险问题，比如市场纪律、政策中货币收缩以及一些机构的关闭。当你处于危机之中时，这种措施对你是没有帮助的。而且，由于金本位制等原因，美联储放宽货币政策的空间可能有限。在一个国家处于全球金融危机中时，首要任务是稳定经济、稳定金融体系，然后再考虑经济问题。我从不认为货币政策能够真正提升增长水平和增长趋势。我认为财政政策应该发挥更大的作用。

阿代尔·特纳：如何看待西方的经济刺激政策？我认为G20的财政政策和货币政策大致经历了以下几个阶段。2008年和2009年，所有发达经济体都实施了规模非常大的财政刺激措施。从某种意义上说，这些都是自动发生的，但在财政扩张上也有刻意选择的因素，特别是在美国，并有一定程度的国际协调。2009年4月，在伦敦举行的G20峰会达成了一项共识，即如果所有国家同时进行财政扩张,那将是一件好事,这些财政扩张将使全球经济得以持续增长。2010—2012年,各国对财政政策有许多的讨论,我们有这么大的赤字,债务占GDP的比重上升,我们将如何处理、偿还这些债务呢?因此,财政紧缩计划被引入,政府试图将债务负担保持在可控的范围。2016年,全球发达经济体的债务增长明显放缓了很多。2016年4月有很多关于如何刺激经济的讨论。为什么全球经济刺激力度更大了呢?中国的财政赤字从2014年的接近于零,到2018年占GDP的4%左右。美国的财政赤字从GDP的3%增加到GDP的5%。我们现在看到了大规模的财政刺激,这就是在发达经济体中发生的一系列故事。

黄益平:2020年6月1日,中国人民银行首次向地方商业银行的小企业购买贷款,这是中国的量化宽松吗?我认为,非常规量化宽松基本上是从政策利率开始的,其利率被推到几乎为零,然后进一步增加流动性。宽松政策的目的是在短期利率已经很低的情况下,还可以试着把中长期市场利率压低一些。如果我们遵循这一理念,就不会把中国人民银行的行为描述为量化宽松的一部分,但这是一种非常有趣的操作实践。我们正在经历全球公共卫生危机,而中小企业是最脆弱的,所以他们需要一种支持,包括财政、货币或金融支持。

但在我国,为中小企业提供贷款是非常困难的。主要有以下几个原因:第一,很多小型金融机构没有足够的流动性。第二,很多中小型企业都不知道如何进行风险评估。第三,利率并没有完全放开。如果不能把利率提升到足够高的水平，回报可能不足以覆盖风险。基于这些原因，我们看到了当下的困难。特别是在新冠肺炎疫情期间，可能会看到更多的风险。中国人民银行所做的，是购买所有这些给中小企业的贷款，担保或支持这些金融机构。第一，为他们提供更多的流动性；第二，鼓励他们向中小企业提供更多的贷款；第三，在收购之后，银行实际上可以脱离这些潜在的风险。在短期内，我认为这确实是一种支持中小企业的方式，也是一种非常有创意的方法。

关于"赤字货币化"的基本认识*

贾康　中国财政科学研究院研究员

当下,学界已经摆脱了把"赤字"当作贬义词的阶段,赤字是被作为政策工具看待的。按照对赤字的前沿性学理认识,人类社会已经走过了贵金属时代,现在的法定货币就是货币符号,持币者是基于货币符号的"合法性"和"便捷性"形成了"信任"。

赤字是可以货币化的,但绝不可以无限制、无约束地货币化。吴晓灵副行长曾经提到,"央行通过公开市场购买国债是对财政的支持,也借此突出基础货币实现信用扩张"。有的学者认为,央行直接购买"一手国债"(即财政为了弥补赤字直接向央行借款)才属于赤字货币论,这种方式缺失政府财政举债的市场约束、挤压央行必要的独立性,还会带来道德风险形成的货币超

---

* 2020年9月27日,当代经济学基金会、上海发展研究基金会、复旦发展研究院、复旦大学经济思想与经济史研究所共同举办"2020上海货币论坛——疫情冲击下的货币理论和货币政策"。本文为贾康先生在论坛上的发言。

发不良效应，甚至是灾难性后果。有学者则将赤字货币化的定义收窄到只针对后一种情况，但这不利于讨论的开阔与包容。

我国自 20 世纪 50 年代以来就意识到财政、央行两个部门是一体的，银行在财政有结余的情况下才会发放贷款，出现了问题之后要综合平衡。改革开放以后，财政困难向银行透支，由于透支太缺乏约束力于是改成借款，但是借款迟迟不还，与透支的实际效果没有区别，所以我国进一步制定了法律，与《中华人民共和国中国人民银行法》（央行法）禁止实施财政赤字对央行的直接货币化。

总的来看，根据货币理论，货币供应是由"合理数量规模"客观规律约束的，流通中的货币量和价格成正比，和货币流通速度成反比。在一个时间段内，社会商品总价格除以货币单位的平均流通次数，就等于所需要的货币总量。我认为这个货币数量论不存在"过时"的问题，对它进一步展开分析却非常有挑战性。我不赞成货币流通速度是常数，它一定是不断变化的，而且在经济发生阶段性变化的某个临界点，可以大起大落。

在实际生活中，货币流通速度是一个非常重要的变量，但是对它的研究我们往往力所不逮。学术界面临的一个颇具挑战性的任务是怎么把货币数量论与实际对应，从而服务于现实。赤字的货币化会占据一定的货币供应量，所以关联货币的合理安全空间问题。赤字货币化过多则会引起通胀，通胀超过一定限制以后就会有副作用。赤字货币化关联财政、央行两大宏观调控政策管理当局的配合协调问题，所以也是相关调控机制的合理化问题。内在的实质问题是,资源配置中各主体"发钱""用钱"绩效高低的比较权衡及其"一揽子解决方案"的制度安排系统性优化问题。

结合当前现实,扩大内需的必要选择是以货币供应支持流动性合理充裕与财政更加积极,提高赤字率可以伴随赤字货币化在显性、规范性的常规操作方面加大力度,也可以与"非常时期之策"的出台形成组合,如2020年抗疫特别国债。这是合乎逻辑也是需要服务于现实的。我国当前虽然正面临严峻复杂的局面,但作为研究者,我看不到有任何合理的理由来修改央行法,突破其所规定的"防火墙"而走财政直接透支、借款的老路。

公债的"滚雪球"效应会带来其"不是债"的直观感受,但始终存在合理规模安全区的现实问题,也必然有赤字规模安全区与相关风险防范的现实问题。

我们在研究中提出了一个很简洁的国债数量规模的曲线图,可以表明国债适度规模概念(如图3.1)。达到正效应的峰值以后,往下转为负面效应的曲线非常陡峭。在现实生活中表现为,过了某一个临界点以后会很快越过安全区,带来剧烈的不安定甚至是灾难性的后果。

央行与财政作为调控当局,有一致性,也有差异性,不存在孰大孰小的问题,只存在如何合理协调配合的问题。所谓的"互怼"背后,更深刻的是关联全局制度安排合理性的地方、企业"软预算约束"倒逼问题,逼迫之下往往导致"银行不像银行，财政不像财政"的问题毕现。

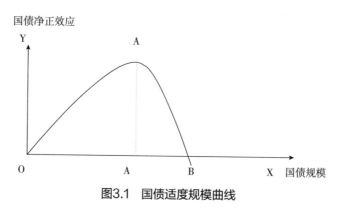

图3.1 国债适度规模曲线

关于现代货币理论（MMT）及其所对应的实践案例，我做一个初步的点评。对于MMT理论上的探讨，使我们更多考虑政府发债和央行发债的相通之处，现代法币的调控潜力空间可以被进一步发掘。这些年来美、欧、日的实践到底是经验还是教训，仍是未定之数。我认为，现在货币理论有明显不成熟、不扎实、逻辑不顺、表述不清、研讨不到位之处。"税收驱动货币"省略了过多的重要关联因素；政府"最终雇主"身份未讨论其局限与限制；政府可无限创造货币的含义太过简化和粗糙；漠视央行独立性与货币总量安全区问题，很容易误导实践，消解应有的深谋和远虑。美、欧、日的货币宽松政策有各自的特殊配套因素。美国具有全球货币霸权，增发的货币风险让全球买单，已经在销蚀其信誉根基；日、欧已有"饮鸩止渴"之忧，绝非可以无边界地走下去。我国的金融和影响力完全不可与之相提并论，如果过度学习美、欧、日，就是东施效颦、邯郸学步。

我的看法可以归结为：赤字货币化的概念可以成立，但是相关的一系列问题必须经过讨论，努力优化，其中至少有三个重要的问题。第一，货币供应和相关的债务赤字规模要有安全区；第二，相关的机制优化和央行财政部门间的协调至关重要；第三，要在一系列的相关权衡中努力提升经济社会综合绩效追求，最后落到服务于解放生产力、实现健康协调发展、增进人民福祉、推动整个中国现代化事业与中国和世界互动的全人类进步。这就把一个具体的理论上升为很宏大的命题，但是我认为问题是确实存在的，其实质是以高水平的制度创造和创新服务于现代化和人类的可持续发展。

财政赤字货币化还是结构性宏观政策*

周皓　清华大学五道口金融学院副院长

2020年4—5月，关于财政赤字货币化有一轮激烈的讨论，背景是新冠肺炎疫情导致我国经济的迅速下降。

对此，我认为，我国经济在疫情之后，主要是依赖于偏结构性的政策，包括财政和货币政策，但在总量上是比较谨慎的，没有走数量宽松和巨额刺激的道路，更没有做财政赤字货币化，这是我的基本观点。我国是第一个受到新冠肺炎疫情打击的国家，2020年第一季度我国经济的表现是季度负增长6.8%或年化-10%，在全球经济体中应该是最糟糕的。那么，我国是不是应该实行QE？在一季度数字公布之后，大家很容易产生这种思路或想法。

其实财政赤字货币化并不是最近兴起的。现代货币理论思潮产生的背景，第一是在2009年危机之后，央行对于实现通胀2%

---

* 2020年9月27日，当代经济学基金会、上海发展研究基金会、复旦发展研究院、复旦大学经济思想与经济史研究所共同举办"2020上海货币论坛——疫情冲击下的货币理论和货币政策"。本文为周皓先生在论坛上的发言。

和就业4%的目标一直未实现；第二是在贸易全球化的背景下，收入分配不平等持续恶化，财政部门起到一个结构性调整作用。

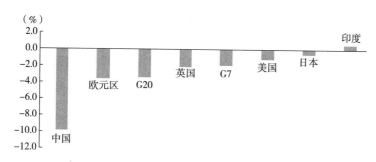

图3.2　2020年第一季度实际国内生产总值季度增长率

我不认为可以把QE或日本央行的利率、控制欧洲的负利率与财政赤字货币化等同起来，将"直升机撒钱"表述为已经发生的事情。现代货币理论认为货币不是由央行来主导发行和回笼，而是由财政的税收来主导，财政的支出创造货币，政府是最后的雇佣人。可以发现这是凯恩斯主义极端化的表现，所以国外将现代货币理论评价为另一个比较极端的凯恩斯主义。这与20世纪50年代到70年代苏联和中国的计划经济思潮相似，但不完全等同，政府要负责最后就业。从历史经验来看，所有实行财政赤字货币化的国家基本都崩溃了，而且主要集中在发展中国家。

QE不是财政赤字货币化。大量学术文章都在研究利率下降的作用，从QE1到QE5，压低多少利率就能够进行贷款？它的根本作用是降低利率、刺激消费和投资。现代意义上的财政赤字货币化，基本上没有实施财政部控制央行的政策，很像伯南克所描述的"财政部开一架飞机到处撒钱"。但是仔细去看，美国给每一个人1 200美元的2万亿美元刺激法案。它有一个预算条款,要用发15年、20年、30年的国债来进行,所有的支出法案都有一个预算条款,所以现在没有真的实施"直升机撒钱",而是要通过发几次债来完成这件事。

有两个澳大利亚经济学家的理论是现代货币理论著作的主要文献来源,支持者包括业界的经济学家、国会议员、参议院成员。我国不会也不需要实施现代货币理论。为什么不会实施财政赤字化?第一,在直接意义上,法律禁止一级市场购买政府债券。第二,欧、美、日是零通胀或负通胀,中国现在是3%—4%的通货膨胀率。虽然我不同意欧、美、日采取的赤字货币化,但是即使采取了,它们的通胀风险也很低。而我国是一个发展中国家,人均收入1万美元以下,现在统计局公布的物价上涨率是3%—4%,所以要慎重考虑。第三,关于资源分配。我们希望财政刺激经济,刺激中小企业、个人。但是我曾经到地方调研,发现地方政府基本上将从中央拨的款项都是给了国有企业,不会给民营企业。我觉得我国发展到现在这个阶段,央行结构性的货币政策虽然不是最理想的,却是现实有效的;虽然不是最优的方法,但也是一个次优的方法。如果所有的钱都给了财政,财政都分配给地方政府,除了一些必需的铁路、公路,预算给企业分配投资的效率是很低的,财政赤字化对民营企业的挤出效应没有被计算进去。在发达国家是不存在这种情况的,发达国家的财政是直接给老百姓分钱。在我国,财政赤字化的同时,财政还要批项目,会对民营企业有很大的挤出效应,这个问题学者们没有讨论也没有研究，但我觉得它是存在的。

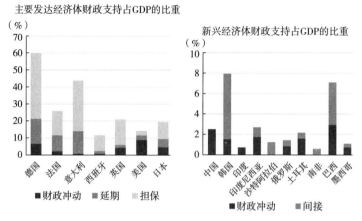

注："财政冲动"是指直接的财政支出。"延期"是指暂时延迟纳税和支付，以及向政府收取其他费用。"担保"是指贷款担保及相关工具。"间接"是指不涉及直接财政收入或支出的措施，包括担保、延期和其他措施。

图3.3　当前中国财政刺激力度小于美、英、德、日

资料来源：Invesco calculations, BregelDatasets（左图）；国际货币基金组织（右图）。数据截至 2020 年 4 月 27 日。

图3.4　当前中国货币刺激力度小于4万亿元时期

新冠肺炎疫情之后，我国既没有走巨额财政赤字之路，也没有走数量宽松的货币政策之路，走的是一种比较结构性的宏

观经济政策。其实公共卫生政策更重要的是控制住了疫情，只要适度的刺激就有效；要是疫情控制不住，可能真的会变成无限量的刺激。财政的结构政策有一些是针对中小企业的。我觉得地方政府债务就是专项债。我国在这种特殊的情况下，如果国债特别高，项目都会给财政部，而财政部分配项目的效率未必会很高。如果发一些地方政府债，除了吃饭之外，有一些是地方政府分配的话，地方政府的项目分配或许会和生产性资本的形成更接近，这是从财政角度来考虑的。当然，在现在这种情况下，第一，货币政策没必要采取 QE；第二，货币政策实际上需要帮助财政做好结构方面的工作。现阶段在各种信贷的利率，各种信贷的抵押补充贷款（PSL）上进行定向降准不是最优的，但可能是一个次优的政策。所以结构性的宏观政策应该是一个国家直接的财政赤字加上信贷的延缓，再加上政府保障的一些隐性债务。发达国家的比例是 10%—60%，中国是比较低的，甚至比韩国和巴西都要低。

总的来讲，事后评估这次疫情之后的财政货币信贷的刺激力度是适中的，偏向于结构性。西方国家是 2020 年第一季度才暴发疫情的，第一季度经济负增长，第二季度更是负增长。我国 2020 年第二季度是 3.2% 的正增长，第三季度是 4%—5%，要比第二季度高很多。所以我国在这种适度宽松的情况下，可以加大一点结构性的刺激力度。对于我国这种有 3%—4% 通货膨胀率的发展中国家，实行财政赤字货币化是很危险的。

现代货币理论的争议与借鉴*

陈道富　国务院经济研究中心金融所副所长

现代货币理论有几个隐含的前提，这些前提会对现代货币理论的适用范围和适用的经济发展阶段有一个非常严格的限制。

首先，现代货币理论是用三部门会计核算均衡所描述的世界，所以这个世界就被局限在会计核算和三部门均衡的水平上。这里存在三个理论假设。

第一个假设是，在三部门会计均衡里的是一个不存在超额利润的世界，是一个绝对均衡的世界。政府部门、私人部门、国外部门的结余最后都为零，可以通过几个部门实现这种调控。

事实上，现实世界绝大部分时间都不处在超额利润为零的阶段，更多的是一个由"S曲线"来描述的现实世界。在刚开始经济腾飞的时候，或者某个产业在快速发展的时候，可能更多

---

* 2020年9月27日，当代经济学基金会、上海发展研究基金会、复旦发展研究院、复旦大学经济思想与经济史研究所共同举办"2020上海货币论坛——疫情冲击下的货币理论和货币政策"。本文为陈道富先生在论坛上的发言。

的是一个规模递增的状态,通过迭代来实现快速发展。只有到了后期,出现了边际递减,才会落入MMT所涉及的超额利润为零、两条"S曲线"迭代替换的中间阶段,这个阶段是MMT更适合的世界。在这个世界里,经济缺乏增长空间,缺乏新技术带动,缺乏新的经济增长点,整个社会处在一个相对停滞的阶段,处在新增长的前期。这样一个世界,如果处在经济正常的"S曲线"里,可能MMT的很多假设条件就不太容易被满足。

第二个假设前提是"共同体"天然存在的世界。如果在一个国家用本币来结算,那么这时财政空间通过货币的赤字化可以无限支撑赤字。但有一个假设前提,就是必须处在这个货币区内,即整个经济体要接受这个货币且不能"用脚投票"。但是在现实的世界里,除了几个大国,其实有很多国家在经济出现问题或大家对货币不信任时,都会出现更多"用脚投票"或外币化的情况,这个共同体的边界是动态的。在这里有一个条件,就是必须要先保证大家接受这个货币,然后这个货币才可以支持赤字化,这个过程的循环就会影响到最后财政与货币共同发挥作用的空间。

第三个假设是忽视"自我实现"特征的"现实"世界。既然用会计来核算,会计是一个事后的结果,在事后会出现一个均衡的局面,而经济学研究的更多是事前的关系。事后一旦被置于事前,就会出现一个自我实现的机制。事前的机制有一个特点,它有一个自我强化和自我锁定的过程。在中央资产负债表里,如果政府在资产方占据主导,就意味着这个社会被政府行为所主导，政府的行为与一般的市场行为不太一样。如果是整个社会以政府的行为为主导，可能就会更多地把资金引导到公共基础设施上，引导到一些维护社会稳定的领域，整个激励机制将是一个自我锁定的实现。

我认为把财政和货币部门结合起来看，是一种洞见。理论上来说，这是提出了一个非常理想化的、未来可以超越人为限制约束的想法。但是在现实世界中，这是通过部门之间的分立来实现各自的功能，是通过相互制衡、相互支持来产生特定的功能。由于财政、央行、整个金融体系出现一定的分离，使得财政、央行和金融体系可以实现各自特定的功能，如果结合起来，在功能的实现上会不如分开来得好。

当前这个时代的特征是低利率、低通胀、低经济增长。但是这个低利率和低通胀的特征，我认为是全部总量和流动的量之间的矛盾，是总量下的结构性矛盾的一种金融表现。或者说，当今经济到了大的结构性突变的阶段，金融对这个结构的回应还没有完成转化的呈现。整个循环从总量上来平衡，对投资、生产、分配、消费、储蓄总量方面的平衡，可以通过 MMT 理论做一个很好的分析。但一旦把增量和总量放在一起，就会发现如今这个平衡正处在一个很有意思的阶段。从边际的技术进步来看，用传统的视角来衡量，会发现整个边际技术进步速度在下降。但是由于历史积累，技术又处在一个比较高的水平，加之人口老龄化也是我们面临的一个问题，就是人口老龄化后边际储蓄率在下降，但是人口长期积累下来的储蓄又到达了一个高点。这些导致其在总量上达到一个非常高的水平，边际上又存在效率下降的问题。

在MMT理论里，因为引入了会计恒等式来分析这个世界，用事后的观点，把几个部门合在一起分析，带来了很多前提条件的局限性。我认为，当前的经济环境较好地满足了MMT的假设环境，因为当前刚好处于一个百年未有之大变局的结构中，整个超额利润接近零，整个社会缺乏一个结构性突破的动能，可通过财政和货币需求方面的管理，来维持现在这种结构不变。但这也带来一个问题，就是这样做会把我们长期锁在这个困局里。

当前货币政策的各种操作，其实不是严格意义上的财政赤字货币化，不支持MMT，也不是它的直接运用。对我国来说，应该加强财政货币政策协调，而无须突破财政赤字化的界限。

我把我国金融和财政有可能的结合点放在资产方，通过国债二级市场实现两者的结合，当然更激进的话，可以通过国债一级市场，还要通过地方债，包括显性的和隐性的专项债，通过各种财政政策性的金融业务，通过结构性的货币政策。实际上我们还在金融救助、金融稳定的过程中，产生了财政和货币的很多合作。在这个合作过程中，金融资金的来源方既可以通过发行基础货币，通过央行直接实现支持，也可以通过存款货币，就是广义上的货币实现两者的结合。从现实来看，我们在过去很长一段的历史时间里用了大量的存款货币，通过存款机构的信用创造来提供大量具有财政性的支持。这几年广义的M2货币发行，越来越多地依靠地方政府的土地和基础设施来推动。

事实上在这个过程中，广义上的很多财政行为是通过金融化，通过存款货币来支撑的，现在的约束是尽可能不用基础货币这种高能货币支撑财政赤字。

另外，在特殊时期，特别是在当前结构性转型的时期，世界上所有国家都在采取一定程度的财政赤字货币化或者一定程度的货币财政化，来增强自己应对结构坍塌过程中的财力，使得自己能够实现未来经济的进一步增长，熬过结构坍塌时期。所以在特殊的时期，应该适当回到MMT里，MMT实际上提供了一个视角，即我们可以在多大程度上适当放松一些自我设计的约束，使自己在这种特殊阶段能熬过去。当然，后遗症就是自我锁定，这是很难避免的一个过程，所以需要特事特办，需要给这个过程增加很多摩擦成本。我们不能把现在很多在特殊时期制造的工具制度化，这些工具应该是在某个特殊时期使用的，是特殊协调以后的特殊政策，这是为了使自己在特殊时期能够有更大的回旋余地，使我国更好地熬过这段结构成长期，为我国未来的经济增长提供更大的空间。

破除对现代货币理论的常见误解*

李黎力　中国人民大学经济学院副教授

2008年全球金融危机之后，因为主流经济学的失败，很多异端的经济思想被发现了，其中就包括明斯基以及现代货币理论。

一、如何理解 MMT

我认为 MMT 是一个不同于主流宏观经济的理论框架，同时还是一个政策框架。我个人认为它包含三大部分：第一个部分是所谓的新货币国定论；第二个部分是部门收支分析；第三个部分是功能财政。前两个部分是对现在货币体系运行的一种解释和描述，用我们经济学现在流行的话来讲，是一种实证性的探讨。第三个部分是基于对现实理论的理解所得出的一个政策性框架，以及具体的政策建议。很多所谓的误解就产生于把这种实然和应然

---

* 2020年9月27日，当代经济学基金会、上海发展研究基金会、复旦发展研究院、复旦大学经济思想与经济史研究所共同举办"2020上海货币论坛——疫情冲击下的货币理论和货币政策"。本文为李黎力先生在论坛上的发言。

混为一谈的过程中。

第一部分的新货币国定论从与主流不同的研究角度出发，把货币作为一个债务，将现代货币体系运行当中的所谓国家货币与银行的信用货币综合统一起来。所以在 MMT 的理论中，提到了国家货币与银行货币之间存在一些共性，同时强调国家货币的特殊性。这里主要有两点：一个是对主权货币的货币国定论，另外一个是货币的层级观。从图 3.5 可以看出，在这个金字塔结构中，国家货币与银行货币在本质上属于不同的等级，国家货币因为税收驱动这个机制而处于金字塔顶端。

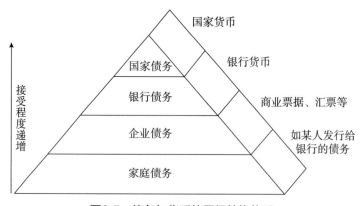

图3.5　债务与货币的层级结构体系

这个理论最重要的一个逻辑推动就是政府支出并不是依靠征税或借款，由此引出了一个令人吃惊的结论：从技术上来讲，政府部门作为货币的发行者，不会受到私人部门面临的那种预算约束。

第二部分就是部门收支分析，部门收支分析不是一个均衡的框架，"balance"的准确翻译是部门收支的余额。从整个宏观经济的角度来讲，总收入必然等于总支出，分部门来看也必然符合会计核算的恒等式，虽然是事后的，但是这个事后的结论确保了整个宏观经济必须满足这样的约束。如果背离这个约束来探讨各个部门之间的关系，可能就犯了一个流量不一致的错误。换句话来讲，这个框架想讨论的是政府部门与非政府部门之间的关系，为了保证逻辑上没有问题，它要确保各个部门之间在存量和流量上必须要有对应，以及必须有一种循环流转的过程。最重要的结论是三个部门收支余额总和必须为零。另外，MMT还进一步对财政部与央行的资产负债表的操作进行了一个技术分析，然后进一步支持了上文所提到的逻辑结论，即政府开支不是依靠税收，不是先有税收然后通过税收收入来开支的，而是通过资产负债表的操作来开支。

第三部分是功能财政。财政本身是货币发行者，与私人部门不一样，不应该着眼于这个部门本身收支余额的大小，而应该以财政收支状况来为整个宏观经济部门服务。财政最重要的目标是充分就业和价格稳定，所以提出了一个他们认为可以同时实现这两个目标的政策主张，叫"最后雇佣者计划"。

二、关于 MMT 的十个常见误解

关于 MMT 的十个常见误解，主要可以将其归纳为六个大问题。

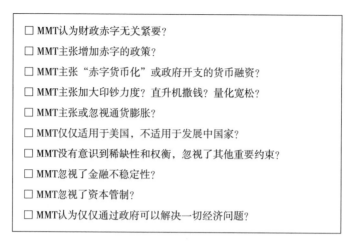

图3.6　MMT十大常见误解

第一个问题是关于 MMT 与财政赤字，很多人认为，MMT 主张财政赤字本身不重要，甚至主张无节制的财政开支，我认为这是不对的。MMT 之所以主张财政赤字不重要，是因为政府部门的收支与私人部门的收支本质上是不一样的，所以收支多少本身不重要，但是其部门收支分析已经能够说明财政赤字对整个宏观经济有非常重要的影响。另外，因为政府部门与非政府部门是相互作用的关系，所以财政赤字本身不一定会是主动的呈现，也有可能取决于整个宏观经济最后的表现，以及其他部门的行为。例如一个非政府部门想要获得盈余，而政府财政处于非赤字状态，那么整个经济可能就会随之发生紧缩性的反应。最后，虽然 MMT 认为从技术上来讲一个政府不会像私人部门那样受到预算约束，但是 MMT 并不是说赤字越高越好，而是认为应该重视预算的结构和质量。

第二个问题是许多学者认为 MMT 与新出现的许多非常规性货币政策操作是一样的，包括最近比较火的财政赤字货币化和量化宽松。根据我们的研究，MMT 的任何一位代表都没有说应当实施财政赤字货币化，这里讲的财政赤字货币化指的是狭义上的，即央行直接在一级市场购买国债。他们只是根据资产负债表操作发现，尽管央行没有在一级市场上为财政部提供融资，但在二级市场购买可能没有本质上的区别，虽然在细节上有差别。另外他们其实是反对量化宽松的，他们认为就业是解决这个问题的根本之策。

第三个问题是很多人认为 MMT 没有关注通货膨胀。事实上 MMT 认为最重要的目标就是充分就业和克服通货膨胀，只是他们不承认货币数量论。换句话说，MMT 并不认为货币多了就必然会产生通货膨胀。MMT 认为，不论是政府传统货币还是银行传统货币，都有产生通胀的可能。

第四个问题是 MMT 与稀缺性。MMT 认为，从宏观经济学的理解来讲，一个未充分就业的经济体还是存在"免费的午餐"的，但是一旦这个经济体实现了充分就业，一些资源已经达到了紧缺的状态，则有可能出现通胀。所以必须预测政府开支可能对资源产生的影响，以及对通货膨胀产生的影响。

第五个问题是有些人认为 MMT 仅适用于美国，不适用于发展中国家。这个也不对，MMT 适用于所有具有货币主权的国家，只是对于发展中国家还存在很多限制，包括汇率制度的选择。

第六个问题是很多人不喜欢 MMT，是因为 MMT 没法解决每一个问题。很明显，MMT 不是一个能解决所有问题的理论，我个人觉得它更像是一个研究的视角，在这个框架里可以把相关的问题结合起来一起讨论。但现在很多学者对 MMT 抱有太多期望，所以当期望落空时，就会有很多人批评它。

三、如何评价 MMT

最后是我个人对 MMT 的思考。第一是非常有争议性的部分，即对财政部和央行资产负债表操作的研究，提出的合并假说到底适不适用于所有国家？第二，我们一般遵循一个很古老的经济学隐喻，认为政府应该像家庭一样受到预算约束，从而制定决策，如果一个政府不满足于这个隐喻（目前也没有一个更好的隐喻可以用来思考这个问题），那么我们就开始担心各种各样的问题。第三，目前来看，主流和非主流都没有一个很好的通货膨胀理论，包括对 MMT 的批评。第四，如果按照 MMT 的看法，税收已经不是一个"取之于民、用之于民"的东西，那怎样更新税收理论，包括用税收调节通胀，这个有很多局限性。MMT 最重要的贡献，就是让我们从实证性的角度讨论政府的行为对宏观经济市场部门的影响，而不是带着赤字率和债务率红线的偏见。最后一点，MMT 为什么引发这么多的热议和争论，本质上还是一个永恒的话题，就是政府与市场之争。

关于当前如何加强财政政策和货币政策配合的问题的思考*

周诚君　中国人民银行金融研究所所长

我不太赞同 MMT 及其政策主张。MMT 认为货币是政府开出来的借据,央行是政府的一个部门,但我恰恰觉得这个假设是有问题的。

一、货币是包括政府在内的所有市场主体开具的借据

货币实际上是包括私人部门和政府部门在内的所有社会经济运行部门开出来的借据,是信用的表示。最初的物物交换时代没有货币,但当出现交换时滞的情形时,就需要借据来代表未来偿付的信用。政府、私人部门都可以开借据,借据多了,

---

* 2020 年 9 月 27 日,当代经济学基金会、上海发展研究基金会、复旦发展研究院、复旦大学经济思想与经济史研究所共同举办"2020 上海货币论坛——疫情冲击下的货币理论和货币政策"。本文是周诚君先生在论坛上的发言。

就产生了一家集中处理这些借据的机构，由它来负责登记、托管和清算这些借据，这就是中央银行。在这里，央行只是在整个社会层面上把所有这些借据综合起来，类似于一个借据交换所、清算所，这样可以反映全社会信用的总和，既包含作为政府部门信用的借据，也包含作为私人部门信用的借据。到后来，出于节省成本、提高效率的考虑，由中央银行统一发行标准化的借据，供公共部门和私人部门使用，这就是货币。

央行统一发行标准化借据的数量标准，就是整个社会各类市场主体所需借据的总和，它代表了全社会信用总和。在不是由央行统一开具借据的情况下，债权债务关系发生在出票人和持票人之间；而在央行统一发行标准化票据的情况下，由央行集中代表债务人，持有央行集中发放的借据的任何市场主体，对这些数量的借据所对应的商品或劳务，都具有偿付请求权或追索权，这就是央行发行法定货币的无限法偿性。虽然在现代社会中，大多数法定货币已经不是贵金属货币或者具有足额的贵金属、硬通货作为储备支撑，但仍然首先是央行的负债具有无限法偿性。因此，即使是信用货币，最后也是必然要偿还的，市场主体不愿意持有或者对其不信任时，就要申索其债权，兑换该货币所能偿付的商品或劳务。

一个典型的例子是人民币国际化。无论境外市场主体持有多少数量的人民币，中国中央银行都必须对其承担无限法偿的义务。因为任何境外市场主体持有这些人民币，就意味着它可以到中国境内购买它所需要的东西。即使它不想购买东西，也可以将这些人民币兑换成其他货币。其实，这种权利的本质对于国内市场主体来说也是一样的。对于开放的成熟经济体，货币的无限法偿性最终由市场主体来选择并体现，当人们不需要或者不信任该货币时，是可以"用脚投票"的，要么兑现为商品或劳务，要么兑换成其他货币。

可见，货币并非像 MMT 理论所强调的那样，是政府开具并由私人部门持有的借据，而是包括政府在内的所有市场主体开具的借据。在由央行统一出具借据、形成法定货币并具无限法偿性的情形下，货币代表全社会信用，名义上是央行的负债，但实际上其请求或追索的是全社会的商品或劳务，代表了全社会的经济交换活动。即使是在仅有政府和私人部门的两部门经济中，央行也不属于政府部门，更不会代表政府发行作为借据的货币，而是作为独立第三方，负责政府和私人部门出具的所有这些借据（即货币）的集中交换和清算。无论是把央行发行货币看作政府行为，还是把央行发行的货币视为政府向私人部门出具的借据，都是不妥当的。

二、当前财政面临的问题

第一，总的来说，现在财政比较困难。财政收不抵支，而且财政的那几本账还不平衡，结构方面也很窘迫。2020 年公共预算收入 180 270 亿元，比 2019 年下降 5.3%；公共预算支出 247 850 亿元，比 2019 年增长 3.8%，增速是过去十几年来的最低点。财政赤字 37 600 亿元，比 2019 年增加 10 000 亿元，其原因是收入减少了10 112亿元，而不是支出增加了10 000亿元。随着减税降费力度的进一步加大和"六稳""六保"等政策措施的持续落地，财政困难会进一步加剧。因此，财政"篮子"需要被扩大，财政需要支持，否则巧妇也难为无米之炊。从这个意义上说，我也是凯恩斯主义者——首先得解决眼前的问题，要想办法帮助财政扩大"篮子"、优化结构。

第二，财政政策的目标不太清晰，预算的编制、资金的投放还存在一些问题。比如疫情之后，最需要救助的是家庭部门、中小微企业，他们的资产负债表和现金流量表恶化的速度最快，恶化的程度最严重。当然，我们可以搞新基建，也可以搞一些基础设施项目，但这些与疫情冲击之下最需要救助的部门相比，可能没那么紧迫。另外，在精准度上，能不能把公共资金真正投放到那些嗷嗷待哺、揭不开锅的市场主体口袋里？总体看，拥有成熟市场的国家，其财政政策目标通常非常清晰，有一整套关于财政政策的框架、边界、工具以及实施规则，比较强调财政支出的效果。我国财政缺乏独立性和清晰的目标，其职能更接近政府出纳，财政支出的方向、目标很大程度上由发改委等决定，长期以来倾向于支持基建、政府投资等领域。

第三，与此相关，我认为财政的投入产出效率也是一个大问题。如果说过去财政投入可以换来一些就业、GDP的增长，但随着市场化程度越来越高，有非常明确的数据表明，单位财政投入产生的回报存在明显递减。每一笔财政投资，对于推动经济复苏的边际回报效果如何？同样一笔财政支出，用于救助中小微企业和家庭部门，修复其资产负债表，或者在某些领域开展公共投资、建成若干"新基建"项目，哪一个会更有利于推动 GDP 增长、带来更明显的边际产出提升？即使对于公共投资，也要考虑哪些领域的投资边际产出相对更高，回报更明显。

不仅如此，还要考虑财政支出的负效应，如挤出效应、分配效应、金融周期效应等。过去我国财政支出聚焦于基建投资、政府直接投资企业等，对民间投资、私人部门投资会产生挤出效应。在当前经济受疫情冲击的情况下，财政资金如果不能精准救助中小微企业和家庭部门，一方面，无益于修复中小微企业和家庭部门资产负债表，另一方面，不亟须救助的部门也会获得财政资金支持，甚至会有一部分资金流向资本市场，从而形成负向分配效应。财政投向如果不精准，还容易导致一些杠杆率较高的企业更轻易地从商业银行、金融市场获得资金支持，进一步推高杠杆率，加剧金融风险，扩大金融周期效应。过去，通常由发改委确定"铁公基"项目，现在则强调投资"新基建"，但在财政资金有限、公共投资回报递减、财政投资负效应日益明显的情况下，非常有必要对财政投资的产出效率进行评估。

第四，财政融资成本也是一个很现实的问题。扩大财政预算"篮子"，除了税收以外，还需要通过金融市场融资，其成本也很大程度上影响了财政的可持续性以及财政投入产出效率。随着最近一批特别国债的发行，资金价格上升得非常快，幅度也比较大。2020 年 4 月，10 年期国债的收益率在 2.5% 左右，但是到了 6 月就超过了 3.1%，而且基本维持在 3.1% 甚至更高的水平。这给财政大规模融资带来了一些挑战,财政负担得起这么高的成本吗?

总的来说,我觉得要对财政存在的这些问题进行综合分析和评估。一方面,要加强财政自身的建设,加快完成党的十九届四中全会提出的有关财税体制改革任务,为落实好积极的财政政策提供强有力的制度保障。另一方面,中央银行也可以从自身角度以及加强财政政策和货币政策配合的角度,想一些办法,支持缓解当前财政存在的迫切困难。

三、如何进一步加强财政政策与货币政策的配合

首先,可以也有必要帮助财政扩大"篮子",增加财政实力。因为这个时候财政政策可以比货币政策更注重结构,更具有帮扶救助的意义。支持财政扩大"篮子"有很多办法,如最近我们所看到的发行特别国债、专项债等。中央银行能做什么?国际经验告诉我们,中央银行其实也是可以支持财政的。央行支持财政、扩大"篮子"绝不意味着像前一阵子的一些观点那样,希望央行直接为财政买单。虽然历史上也有过一些类似的实践,比如2007年为了支持国有商业银行改革而发行的特别国债,就是中央银行持有的。再比如1998年,央行就开始在公开市场上购买国债。之后的例子还有PSL支持棚改,等等。

2008年应对金融危机以及最近疫情导致的美国金融市场动荡过程中,美联储设计了非常好的机制,配合财政进行必要的救助。比如怎么成立一个特殊目的载体,财政和央行各出多少

比例，在承担损失上谁先谁后等，其目的就是更好、更有力地应对危机。央行不是不可以介入，但如果要介入，一定要遵守市场原则，要事先明确机制，明确责权边界，明确事后怎么退出。在这方面，美国的做法值得学习。在机制和产品设计方面，财政部和美联储并没有选择自己拍脑袋，而是请最好的投资银行做设计，确保尊重和反映市场规律，具有可持续性。

另外，我认为时机比较成熟时，中央银行可以在二级市场购买国债。中国人民银行在二级市场购买国债并不违反《中华人民共和国中国人民银行法》，2000—2003年我们就曾积极参与国债二级市场交易。据我所知，大多数成熟市场国家的中央银行都在二级市场上购买和交易国债。在美国，中央银行持有的国债占美联储资产负债表的60%左右，占整个国家发行国债总量的将近40%。在日本，央行持有的国债占日本所有国债余额的比例在50%左右，占中央银行资产负债表的80%。德国的情形也差不多。成熟市场的中央银行都在二级市场上购买和交易国债，这既不违反法律，也是货币政策操作的通行做法。而且，这样做还有一个很大的好处，就是有利于改善中央银行资产负债表的结构和质量，增强中央银行公开市场操作能力。

我国的公开市场操作如何？我觉得与成熟市场相比还有较大差距。中国人民银行资产负债表规模约37万亿元，但大多数是外汇储备，外汇储备的任何变动不仅会影响基础货币，也会影响汇率。中国人民银行账上有一些国债，约1.5万亿元，仅占央行资产负债表的4%多一点儿，占我国国债余额的9%左右，这两个比例都非常低。而且，这些国债大部分都是历史形成的。有些是过去支持国有商业银行改革而持有的，有些是一些商业银行与央行做中期借贷便利（MLF）过程中持有的，属于银行的抵押品，一般不能用于公开市场操作，所以几乎没有流动性。中央银行资产负债表上缺乏足够的、具有良好流动性的资产，会导致央行对市场利率，特别是短期利率的调控缺乏充足的市场化手段。当然，总体看，目前国债市场的规模、品种和流动性本身也存在问题，要成为央行公开市场操作的主要工具，具备的条件还不够充分，还需要做很多工作。

其次，要想办法帮助财政降低融资成本。财政在一级市场上发行国债，总是希望发行利率相对低一点儿。但大规模发行特别国债，势必对市场流动性及利率产生影响。这个时候，如果中央银行资产负债表具有较高的流动性，资产端就可以通过一定的公开市场操作把政策利率确定得更加符合期望目标和市场走向，从一个侧面帮助财政降低融资成本。历史上，1998年特种国债、2007年特别国债均以定向发行为主要方式，由人民银行适时出台措施稳定市场流动性，对债券市场的影响较为有限。另外，还有一些其他机制设计也是可以讨论的。比如，有人提出，商业银行购买的特别国债是否可以用来缴纳存款准备金？这可能也是一种方案，我认为可以研究。

再次，支持财政进一步提升资金投向的精准性。在财政本身比较困难的情况下，特别要准确判断哪些领域是当前最需要财政救助的，哪些领域是最需要政府投入的，而且单位投入产生的就业增长或 GDP 贡献比较高，应当把有限的财政资金精准地投放到这些领域去。在这方面，中央银行有一些优势。一方面，中央银行有覆盖全国的分支机构和各级国库；另一方面，中央银行有覆盖全国和几乎所有市场主体的现代化支付系统，甚至可延伸到每一个人的手机终端。在最需要政府投入的领域，特别是对于那些在疫情冲击下最需要政府救助的领域，中央银行可以充分发挥贴近市场、直达乡镇、数据充分、技术先进等优势，与财政部门一起，采取措施，不断提升财政资金投向的精准度，把财政资金投放到那些最需要的部门、机构和市场主体上，特别是很多非常困难的小微企业和家庭部门的口袋里。

最后，中央银行还可以与财政部门一起，对财政资金的投入产出效果进行适当的评估。当前，我国市场化程度日臻成熟，每一份财政资金都要精打细算，花得物有所值。预算制度安排、预算管理要比预算执行本身更重要。中央银行在这方面也积累了一些能力，尤其是国库实际上是设在央行的，央行有完备的国库业务系统和统计体系。不论是为了应对新冠肺炎疫情这类突发性外部冲击问题，还是为了解决经济周期问题、金融周期问题，如果财政资金支出的投入产出效率高，那么央行可予以积极支持，帮助降低财政资金成本，甚至可以配套金融资源放大财政投入规模。而在有些领域，如果通过绩效评估发现效果不佳，则应建议控制对其财政资金支出的边界，或在融资规模和成本方面予以体现。不仅要评估财政支出的正向效应，如实现精准救助、解决失业问题、促进经济增长、推动技术创新等，而且要评估财政支出在降低负向效应方面的作用，如分配效应、挤出效应、金融周期效应等。这样，才能更好地支持财政做到不忘初心，为老百姓把钱花好，把钱用好，把经济搞好。

跨周期调节下的财政货币政策协调*

管涛　中银证券全球首席经济学家

2020年7月30日,中央政治局会议提出"完善宏观调控跨周期设计和调节,实现稳增长和防风险长期均衡"。目前,市场主要是根据后半句话解读跨周期调节。而我认为,要做好跨周期调节,除了从中长期来看要处理好稳增长和防风险的关系外,还有一个更加现实的问题是,宏观政策如何应对经济收缩与扩张周期的快速切换甚至叠加。由于疫情的冲击,2020年经济会有一个深度的下挫,但如果经济如预期一样复苏,2021年就会有一个比较高的增长。如果按照传统的逆周期调节思路,刺激政策就应该退出。所以,有专家提出,到2021年年初我们就基

---

* 2020年9月27日,当代经济学基金会、上海发展研究基金会、复旦发展研究院、复旦大学经济思想与经济史研究所共同举办"2020上海货币论坛——疫情冲击下的货币理论和货币政策"。本文是管涛先生在论坛上的发言。

本完成经济复苏的任务了，货币政策也就回归常态了。如果按照央行的说法，我们从来就没有实行非常规货币政策，所以也就没有什么退不退出的问题。货币政策回归常态只是不进一步刺激，应该问题不大。但如果说回归常态是把这次应对疫情的所有支持对冲措施全部取消，我个人认为还是要非常慎重的。

2008年危机应对主要有两个方面的教训：一个教训是刺激时用力过猛，另一个教训是退出时收手过快。这是"三期叠加"影响持续深化的一个重要原因。当然，不是说"4万亿"一揽子投资计划完全错了，而是事后来看可以做得更好。

相反，美国经济扩张是从2009年开始的，但其量化宽松货币政策一直到2013年年中才释放退出信号，到2014年年初才开始减少购债，2015年以后再加息缩表，货币政策逐步正常化，直到2019年重启降息和扩表。当然，美联储有美联储的问题，即因为低利率维持的时间太长造成了资产泡沫。而我们有我们的问题，2009年经济"V形"反弹后，2010年财政货币政策就退出。通常情况下，我国在经济状况不好的时候，传统上是政府先出手，通过公共投资把经济稳住，等市场信心回暖，然后市场跟进，但市场跟进的时候调控来了，政策就变了。通常投资都要经过两三年的规划，要运用长期资金。但如果短期内货币刺激退出引起货币金融条件紧缩，前期投资计划肯定就会受到很大影响。政策可以根据形势发展变化随时进行调整，但投资要基于一个比较长期的市场前景来安排。短期内货币金融条件过度波动，对于市场营商环境和投资者信心都会产生一些影响。

我国在应对疫情的上半场时很好地吸取了上次的教训。这次不论是财政政策，还是货币政策，都保持了足够的定力，特别是货币政策可圈可点。我国以间接融资为主，央行在缩表的情况下，商业银行扩表22万亿元，前8个月央行缩表6 000亿元，银行的准备金是下降的。同期，美联储扩表2.8万亿美元，但是商业银行扩表2.27万亿美元，里面有40%多都是现金资产，明显存在流动性陷阱。因此，从间接融资渠道——银行信贷来看，我国央行货币政策的效率明显要高于美联储。当然，我们也没有面临美联储当时所处的困境，2020年3月美国资本市场出现了剧烈动荡、金融恐慌，美联储必须用超预期的手段来逆转市场恐慌情绪。

迄今为止，上半场我国的应对都是非常得体有效的。但是进入疫情应对的下半场，就要开始关注刺激政策的后遗症，要提前设计政策退出的路径。按理来说应该如此，但什么时候变政策，哪怕是对市场释放政策信号，都是要非常小心的。

我国第二季度经济增长确实明显好于预期。但是我们经济复苏的动能主要来自供给端，需求端在第三季度有所改善，可以看到新的消费需求。但实际上，消费这块到第三季度还没有完全正常化，要恢复到2018—2019年的增速，2020年肯定达不到，更不要指望第三、四季度出现报复性、补偿性消费，因为我们还处在疫情防控常态化的阶段。

疫情前期欧洲虽然防控比较有效，但是最近有所懈怠，疫情出现了新的反弹。未来到了秋冬季，流感加新冠肺炎疫情会不会再次流行？我国会不会再出现本土疫情的反弹？目前都是未知数。其实，哪怕海外疫情扩散都会对中国经济的复苏带来影响。而且，第二季度经济的复苏主要是靠投资拉动，而投资肯定也是靠政府。虽然现在坚持不炒房，但是房地产投资依然对投资起到了重要的托底作用，这些都是要运用长线资金的。民间投资到8月仍然是同比的负增长。在这样的情况下，财政政策、货币政策短期内发生大的变化都会对给市场信心带来一些影响，可能会影响我们的复苏进程。

最近一段时间，国际货币基金组织总裁和首席经济学家，还有世界银行首席经济学家都发表文章，主要是判断这次疫情影响会持续很长时间，强烈呼吁不要过早撤销对经济复苏的支持。美联储、欧洲央行、英格兰银行也都表示，如有需要，货币政策可以继续宽松，而且强调财政政策和货币政策要加强配合。然而，中国现在有人却在说经济马上要基本完成复苏，宏观政策要恢复常态。我不知道是不是要马上这样做，但至少释放这样的政策信号会给市场预期带来不必要的干扰。

当然，市场一方面在观察是怎么说的，另一方面也要看是怎么做的。现在货币市场的利率虽然有反弹，但仍在央行调控的7天逆回购利率附近，这体现了流动性的合理充裕。但在债券市场，国债收益率已经反弹到超过了年初的水平，这让市场出现了一些理解方面的困惑。比如，7月30日的中央政治局会议提出，要确保宏观政策落地见效，财政政策更加积极有为、注重时效，货币政策更加灵活适度、精准导向。但最近货币政策的说法又有了新的变化,把"灵活适度"前面的"更加"两个字去掉了。市场有人将其解读为紧缩的信号。

2021年我们可能还会遇到更多的问题。2020年由于疫情的影响,哪怕下半年几乎达到潜在产值水平,全年仍然是一个负产值,只有2%—3%的增长。2021年的经济增速可能会非常可观,因为2020年第一季度是-6.8%,而2021年初可能是10%以上的增长。按照过去传统的逆周期调节思路,刺激政策就应该退出。但由于全球疫情发展和经济复苏前景的不确定性,恐怕不能简单地用过去逆周期的调节思路来应对目前这样一个跨周期的情况。

前面谈到过美联储引入了平均通胀目标制,且不说能不能实现实际通胀水平超过2%的长期目标,至少美联储在给市场发出一个信号,即由于前期通胀水平长期偏低,将提高通胀容忍度,允许未来短期内通胀温和超过长期目标水平。所以,美联储现在就在给市场吃"定心丸",释放了会把低利率环境维持更长时间的政策信号。甚至美联储主席杰罗姆·鲍威尔多次公开表示,金融资产支持将持续到疫情影响完全消除。因为资产做多的风险要小于做少的风险,资产做多了大不了让经济过热,但经济会恢复得更快,增长更强劲,而如果做少了,却可能阻碍经济复苏。

我个人认为,下一步做好跨周期调节,一要对经济是否景气做出更加全面的准确判断。不能仅仅基于经济增长来看,还要看更加广泛的目标,比如就业、通胀。二要注意分析经济复苏的动力是来自民间投资还是公共投资，是来自外需还是内需，内需中是来自投资还是来自消费，等等。三要发挥金融调控双支柱的作用。2008年危机以来，我国逐步建立健全了金融调控的双支柱，即货币政策与宏观审慎政策。从理论上讲，货币政策主要侧重于管理增长、就业和物价稳定，宏观审慎与其他金融监管政策配合侧重于监管资金空转和资产泡沫。如果所有金融政策都用于"退空转"，就有可能形成政策叠加甚至本末倒置。

除了金融政策的内部协调配合外，加强财政货币政策协调也是大有可为的。

一是财政政策更多地发挥结构性的作用，货币政策发挥总量政策的作用，二者本身有较大的协调空间，能够提高政策的针对性、有效性。比如，第一批3 000亿元抗疫专项再贷款，财政就与央行配合共同进行贴息操作，确保企业实际融资成本低于1.6%。

二是在建立激励相融、风险分担的疫情应对机制方面，加强财政货币政策的协调。这方面，财政部门已经采取了一些措施，比如将政府融资信贷担保的范围扩大、费率降低。当然，还可以有一些其他的探索。如果这次疫情给企业带来的损失完全由企业和家庭来承担，那么资产负债表会修复得非常慢，也会影响经济复苏的进程。所以，我同意不要受限于理论之争、主义之争，特殊情况下必须要有特殊政策。

三是在发展资本市场、提高直接融资比例方面，财政货币政策也有较大的协调空间。最近的社融结构里，债券融资占比越来越高,达到将近一半。但由于操作工具不足,央行无法调节债券市场利率走势,这影响了货币政策传导的效果。当然,把国债作为公开市场操作工具,目前受到国债市场规模比较小、国债期限和品种不够丰富、国债收益率曲线不够健全等的制约。在这种情况下,我们要用制度创新的办法来解决发展中的问题,不要简单讨论到底要不要使用现代货币理论、财政赤字怎么解决等问题。更重要的是根据目前的情形,看哪些是短期的情况,可以通过特殊政策来解决;哪些是制度方面的缺陷,要通过改革来解决。

现代货币理论的缺陷

——基于财政视角 *

孙国峰　中国人民银行货币政策司司长

现代货币理论是在国家货币理论的基础上，将功能财政理论、金融不稳定假说等一系列理论组合在一起形成的。自新冠肺炎疫情发生以来，西方主要发达经济体开启了"不惜一切"的救市模式。在政策空间有限的情况下，现代货币理论的财政观点及政策主张作为解决财政问题的途径之一，引发了热议。本文从财政视角分析现代货币理论的缺陷。

一、现代货币理论的主要观点和政策主张

现代货币理论本质上刻画的是古老的政府信用货币体系，

---

* 2020年9月27日，当代经济学基金会、上海发展研究基金会、复旦发展研究院、复旦大学经济思想与经济史研究所共同举办"2020上海货币论坛——疫情冲击下的货币理论和货币政策"。本文是孙国峰先生提交的论文。

是一种由财政主导的金融体系，强调税收驱动货币，推崇财政赤字，主张财政赤字货币化。

（一）税收驱动的货币体系

现代货币理论主张税收驱动的货币体系，在该体系中政府是货币创造的主体，主权货币只与未来税收债权相对应，不与任何实物或其他货币挂钩。税收驱动的货币体系可以简化为一个政府通过支出注入货币，再通过强制征税回收货币的简单循环体系。该体系中税收并不是政府的资金来源，而是政府发行主权货币的根本保障。货币本质上是一种债务凭证，强制征税是使该政府债务成为一般债务凭证的基础，据此政府才可以向其他部门（国内私营部门、地方政府或者外国政府）提供货币，成为主权货币政府，货币法偿才能确保这些货币得以偿还。现代货币理论认为，税收承担了推动货币流通的重要职能，它只是通过回收货币调节货币供应量，并不能约束财政开支。而政府通过税收回收货币之前必须先创造货币，因此，政府"预算约束"本质上只是刻画了政府创造货币和回收之后的结果，是一个"事后恒等式"，而不是指导政府如何合理安排财政收支的准则，故税收驱动货币的财政收支逻辑是"以支定收"。

（二）财政赤字更有利于金融稳定

现代货币理论认为，从货币循环流转看，只要国际收支平衡，政府部门赤字就等于私人部门盈余（储蓄）。在货币存量和流量的相互作用下，经济活动中各部门资产负债表会出现相应的变化，通过各部门的资产负债表可以观察到货币运行的轨迹。根据宏观会计学原理来看，将各部门的资产负债表加总后，在国际收支平衡条件下，国内私人部门的净收入必然等于本国政府部门的净支出，私人部门所积累的货币（即储蓄）只能来自政府赤字。因此，政府赤字具有一定的被动适应性，它不完全对应政府主动的支出需求，而更多是对应私人部门净储蓄的意愿。依据上述逻辑，现代货币理论进一步推导出，财政赤字有利于金融稳定和经济增长。政府盈余增加必然伴随私人部门赤字增加，但是私人部门和政府部门的信用基础、负债能力差异很大，私人部门违约风险更高，过度负债会加剧金融脆弱性，并通过挤压消费来阻碍经济增长。相反，私人合意储蓄水平下的政府赤字，既能确保满足经济发展的需要，也比私人负债更安全。因此，财政赤字对于兼顾稳增长和防风险是有积极意义的。

（三）财政主导的金融体系

现代货币理论主张功能性财政，即以财政为主导的金融体系，由财政部门来承担实现充分就业和稳定通胀的职能。由于现代货币理论思想根植于政府信用货币体系，因此，其对功能性财政的理解核心在于财政赤字货币化，将财政和中央银行两个"钱袋子"合为一个，财政偿债不通过税收，也不通过发债，而是通过对中央银行的永久性透支。因此，财政没有名义上的预算约束，只有实质上的通胀约束，然而，在实现充分就业前，增加货币供给也不会引发通胀,据此可以扩大政府债务上限。相应地,宏观调控应实施相机抉择的财政政策和被动适应的货币政策。政府发债只是为了调节利率,当财政扩张或收缩吞吐基础货币形成利率扰动时,中央银行应通过买卖政府债券来控制利率。显然,财政政策是相机抉择的,会对基础货币产生重大影响,中央银行则只能被动地通过公开市场操作,防御性地抵消这些影响。

二、现代货币理论的内在缺陷

现代货币理论被称为"现代"理论,试图运用所谓的宏观会计学原理撼动现代银行信用货币体系不允许中央银行向财政透支的基石,希望为我国目前面临的政府债务上限问题拓展空间,实则与现代银行信用货币体系相悖,是建立在错误假设基础上、运用错误方法推导的错误学说,其政策主张势必带来严重通货膨胀。

(一)税收驱动货币的模式与现实不符

现代货币理论刻画的政府信用货币体系实则是古代货币体系,而税收驱动货币既不符合现实,又存在逻辑缺陷。根据货币演进的历史脉络看,政府创造信用货币只存在于生产力低下、社会分工并不复杂的历史阶段和战争时期。工业革命激发了生产规模的极速扩张,对货币的需求很难由税收自上而下驱动,只能由生产自下而上驱动。纳税并不是货币需求的主体,与生产相关联的货币需求才是主体。政府信用创造与生产脱节，导致其难以满足工业时代的货币需求。取而代之的是银行信用货币体系，货币是由银行创造的，政府通过设立中央银行为银行供应基础货币提供间接支持。银行可以通过贷款创造存款货币组织生产，生产过程中的交易、支付和清算推动了货币流通与运行，在此期间税收仍然具有强制性，企业和个人需要用银行的存款货币交税，但这体现的是存款货币作为一般债务凭证的货币法偿特性，不能作为税收驱动货币流通与运行的佐证。同时，想要通过灵活的税收操作以实现货币的投放与回笼也不可行。

  首先，税收政策的调整与国家、经济和社会的稳定息息相关，随意调高税率会招致民意的强烈反对，动摇社会经济稳定的根基。其次，财政政策的调节比货币政策时滞要长，财政政策逐级下达，无论是在政策制定上抑或是在技术实现上都需要较多时间，调节速度和灵活性远不如货币政策。再次，忽略了纳税人为会受到预期的影响。财政政策会引起理性预期的改变，人们在得知税收增加的时候会相应地减少对应的消费。至于减少的多少和方式则与实际的税种相关，在实际生活中的影响非常复杂，不利于建立有效的传导机制。最后，由银行贷款创造货币，在还清贷款的同时回收货币，货币创造与货币回收是对等的。但如果由政府通过增发货币的方式满足支出需求，再通过税收进行货币回收，货币创造与货币回收就是不对等的。

（二）错误地运用宏观会计原理

20世纪90年代以来，以 L. 兰德尔·雷（L. Randal Wray）为代表的现代货币理论研究人员将内生货币方法和部门收支分析等要素错误地运用在宏观分析上，将经济活动中各部门的资产负债表简单加总以求平衡。这种平衡并不符合货币创造的动态过程与内在机制，而仅仅是国民经济核算账面上的平衡，现代货币理论自诩创新的"宏观会计学原理"也是"只见树木，不见森林"。一方面，没有区分作为货币创造主体的银行与其他经济主体。二者资产负债表特征不同，银行资产负债表是资产创造负债，其他经济主体是负债创造资产，因此二者的会计记账存在本质区别，不能简单加总以求平衡。另一方面，货币有层次之分，由中央银行创造的基础货币和由商业银行创造的存款货币不能混为一谈。因此，现代货币理论将资产负债表简单加总得出的政府部门赤字等于私人部门盈余的结论势必是错误的。正确的分析方法是，用资产负债表的方法分析中央银行和商业银行的货币创造，用收入支出表的方法分析居民、企业和政府的活动，只有这样才能正确刻画动态的、内在的经济金融运行机制。综上，中央银行和财政资金的内涵不一致，不能将二者合并为一个"钱袋子"。中央银行的资金运用体现在中央银行资产负债表的存量上，这意味着中央银行的资金运用存在偿债约束，需要更多关注资产质量和经济效益，避免出现坏账损失，影响中央银行信誉。而财政的资金运用主要体现在财政收支的流量方面，财政根据各级政府部门承担的经济和社会事权，划分支出责任和配置财权。工资福利、家庭企业补助、购买商品和服务等财政支出不会形成资产负债表，财政主要需要综合考量支出的经济性、政治性和社会性因素，并进行支出管理和财政绩效评价来提高资金使用效益。在现代经济金融体系中，中央银行和财政的关系更多体现为分工明确、相互合作、相互制衡的关系。

（三）功能性财政势必引发严重通货膨胀

"功能性财政"最早由阿巴·勒纳于20世纪40年代提出，但是现代货币理论所主张的功能性财政只是借鉴其概念，内核则是倡导由中央银行直接购买政府债务来供给货币的财政主导货币创造模式，政府通过增发货币的方式满足支出需求，再通过税收进行货币回收。即财政支出逆周期，税收顺周期。这并非"功能性财政"，而是通往通货膨胀的、"教科书"般的"铸币税"过程。试图通过增加税收避免通胀，只会造成对私人部门更大的剥夺。政府和私人部门都通过名义货币交换实际经济资源。而政府对中央银行透支发行货币等同于中央银行创造的增量货币全部由政府独占，且并未对应任何实际经济资源。由于货币总量的扩大稀释了每单位货币对应的实际经济资源数量，又因为新注入的货币为政府独占，尽管私人部门流通货币总量不变，但其拥有的实际经济资源数量却会下降，相当于政府通过增发货币，将私人部门的资源据为己有，此为典型的"铸币税"过程。因此，中央银行无限对财政透支便会不断稀释流通货币，导致实际经济资源相对地越来越稀缺以及整体价格水平上升。因此，一旦开了财政赤字货币化的口子，就会导致通胀预期脱锚，引发恶性通胀。在这一机制下，现代货币理论主张通过增加税收来降低通胀可能适得其反。因为，税收实际上是在私人部门的实际经济资源被政府增发货币隐性占有一次之后的显性二次剥夺，由于征税后私人部门掌握的可流通货币变少，对应的实际经济资源相应更少。以通胀约束为前提的财政预算缺乏可信的制度安排，解决不了动态不一致问题。财政的首要目标是满足社会公共需要，还要兼顾对国民收入、财富和社会福利进行再分配以及宏观政策调节。防控通胀可算作财政宏观政策功能中的目标之一，但不可能成为财政的最主要目标，更不可能成为财政的唯一目标。以防控通胀为最主要法定目标的现代中央银行制度尚且要受到诸多挑战，通胀就更不可能成为财政的硬约束。当财政满足社会公共需要等主要目标受到影响时，必然不会顾及通胀。因此，财政不可能公开承诺以防控通胀为首要目标，即使这样宣布，也是不可信的。

三、历史经验与教训

（一）"以支定收"的政府预算难以持续

国家财政的目标主要是实现"治国理财"的职能，但要兼顾好功能性与可持续性。对于类目繁多的政府预算而言，"以收定支"可以确保预算合理、债务有度和财政可持续。如果采取

"以支定收"这样事后报账的做法,就会让财政陷入无度和难以持续的困难境地。政府财政支出的无序扩张最终会将政府变成"利维坦"一样的怪兽,导致主权信用危机。古代史上,"以支定收"的税制改革导致了罗马帝国衰落。在奥古斯都的统治下,罗马实现了持续40年的和平与繁荣,史称"罗马和平"。这主要得益于其建立了良好的税收制度,支撑了军队与国家的建设。奥古斯都的核心税收思想在于建立广征薄赋、稳定税率和"以收定支"的税收体系,国家仅承担税收可以维持的事务。公元3世纪,蛮族入侵不断,罗马帝国陷入紊乱局势,国家开始征收与奥古斯都"以收定支"思想相违背的临时税和特别税,稳定税率不复存在。戴克里先掌权后决定改革税制为"以支定收",国家所需的经费由皇帝决定,并以税收形式强制征收,这与奥古斯都税收思想背道而驰。"以支定收"的税制给国民带来了沉重负担,激发了国民的不满,导致大量居民逃税,为此要扩增官僚机构,而这进一步增加了居民的税收负担,形成恶性循环。正如当时人们的感叹,收税的人比交税的人多。戴克里先统治后期,平民不断起义,罗马帝国从此走向衰落。现代史上,美国政府预算制度的实践再次证明了"以支定收"的不合理性。在20世纪之前,纽约市政府一度采用"以支定收"的预算方式,这导致纽约市在1898年的财政支出超过美国所有州支出的1.33倍,是美国联邦政府支出的1.14倍。纽约市政府的债务超过了美国其他州债务的总和。由于预算管理的问题,1907年纽约市遭遇了严重的市政公债兑付危机,引发社会严重动荡。

随着1921年《预算与会计法案》的通过，美国预算制度才逐步趋于规范，在随后的时间里维持了政府预算的平稳。

（二）殖民地的反抗与战争金融的破产

历史上，殖民地的反抗与战争金融的破产早已宣告通过发钞替代发债来解决财政赤字是不可行的。17世纪末，为扩张殖民地，战争金融兴起，为筹措巨额军费，欧洲各国政府都开始财政赤字货币化，在殖民地建立起了典型的政府信用货币体系。通过在殖民地强制征税来驱动本国货币流通，实现货币体系的殖民。为维护主权货币的地位，殖民国也会采取措施禁止殖民地通过开办银行发行钞票，防止政府发行的钞票被取而代之。事实上，即使禁止开办银行，当殖民地人民意识到欲壑难填的殖民政府发行的钞票越来越多，但是能买到的东西却越来越少时，就没有人愿意使用这种货币了。由此衍生的"抵制赋税"情绪随着货币体系的殖民扩张而不断高涨，这是美国人民摆脱英国统治的明显特征之一，也是政府信用货币体系破产的前兆。魏玛政府破产也源于政府印钞还债。1919年，在一战中战败的德国魏玛政府，被迫签订了巨额赔款条约，但根本无法负担巨额赔款，因此形成了巨额的财政赤字，而魏玛政府选择通过财政透支来弥补赤字，由此引发了德国历史上最为严重的通货膨胀。这次史无前例的恶性通货膨胀造成了巨大的经济损失，破坏力远远超过战争。因此，魏玛政府的案例理应成为财政赤字货币化永远的教训。恶性通货膨胀使得魏玛政府再也无法通过印钞还债。为了弥补赤字,魏玛政府采取了现代货币理论所主张的"增加税收"措施,结果不仅没能抑制通胀,加重的税负还激起了民众的反抗。1923 年底,魏玛政府主动宣布原有货币体系破产,证明了政府通过向中央银行透支来偿还债务、投放货币的政府信用货币体系势必在通货膨胀中走向灭亡,而增加税收只会加速其灭亡。

(三)治理通货膨胀的关键在于强化财政的预算约束

以我国治理通胀的成功经验为例。中国人民银行于 1948 年 12 月在石家庄成立后,主要依靠其直接进行发钞来弥补巨额军费支出和建设开支造成的财政赤字,由此导致货币总量的急剧攀升。财政赤字货币化势必引发通货膨胀,1948 年 12 月,中国人民银行成立当月货币总量是 185 亿元,1949 年 12 月就已增至 2.89 万亿元,短短 1 年时间货币总量增长超过了 15 倍,物价涨了 75 倍。恶性通货膨胀不仅对经济的伤害很大,而且可能动摇政府的执政根基。当时主持中央财经委员会工作的陈云指出,解决财政收入有征税、公债、发行钞票三种办法,公债的办法比发行钞票好。为此,陈云提出发行"人民胜利折实公债",由居民和工商业购买,将公债面值与面粉、大米、小米、布匹、煤炭等物资挂钩,中国人民银行每旬公布一次兑换牌价。发行"人民胜利折实公债"就是向老百姓承诺,政府借钱是会还的,本质上是强化因为财政赤字货币化而被僭越的预算约束,恢复政府的公信力。1950 年 1 月发行"人民胜利折实公债",3 月通货膨胀很快就消退了。

（四）中央银行和财政分离是历史选择的结果

一个无限发钞的政府，最终会丧失货币的信用，因此，财政政策和货币政策之间的边界划分是长期实践的选择。作为现代中央银行鼻祖，1694年成立的英格兰银行，其初衷就是将货币发行权与王权分离。但早期中央银行与财政没有完全分离，经常出现财政向中央银行透支的现象。英格兰银行最初的职责是根据黄金储备情况发行印钞，但在18世纪因战争频繁等因素被财政透支，导致了黄金兑换被迫暂停通胀的出现。美联储成立后的首要职责是为政府融资提供资金支持，这最终导致了通货膨胀和政治纷争。1951年3月4日《美联储—财政部协议》（FED-Treasury Accord）正式出台，美联储发布公告称将避免"政府债务货币化"。在此之后，政府债券管理政策和货币政策得以真正完全分离，美联储开始着手调节货币供应以保持经济稳定运行。

从英美等发达经济体中央银行发展的历史看，中央银行早期的定位主要是为政府融资服务，在经历了长期摸索试错并付出巨大社会成本后，最终才促成了对中央银行与财政关系的深入反思和严格隔离，形成了中央银行与财政各司其职的现代中央银行制度。中国人民银行从财政体系分离，是社会主义市场经济发展的一项重大变革。（在改革开放之前，中国实行"大一统"的财政金融体制，中国人民银行与财政部一度合署办公，仅对外保留中国人民银行的牌子，银行也"只是算账、当会计，没有真正起到银行的作用"。)

1978年，中国人民银行正式和财政部分开办公，开始履行宏观调控的职能；1983年，经国务院批准，工商银行从中国人民银行中剥离出来，承接此前的信贷和储蓄业务，而中国人民银行则开始专门行使中央银行职能，初步确定了现代中央银行和财政制度的基本框架。但当时财政与金融体系之间的防火墙尚未完全筑牢，信贷资金财政化使用的现象仍较为普遍，出现了1984年、1988年和1993年三次严重通货膨胀。1995年《中华人民共和国中国人民银行法》公布后，规定"中国人民银行不得对财政透支，不得认购、包销国债和其他政府债券""中国人民银行不得向地方政府、各级政府部门提供贷款"，从法律上明确了中国人民银行不得对财政"透支"的制度安排。该法公布之前，中央财政向中国人民银行的历史借款1 663.57亿元人民币于2003年10月经全国人大常委会同意转换为标准的国债。此后，中国宏观调控有效性明显增强，再也没有发生严重通货膨胀，经济、物价运行的平稳性不断提高，金融体系持续完善，守住不发生系统性金融风险底线的能力得以增强。

厘清中央银行与财政关系并不意味着财政失去赤字空间、不能发挥积极的财政功能。正是通过阻断财政对金融的无序透支、硬化财政预算约束，才有利于最大限度地减少政府对市场资源的直接配置，更好地发挥政府作用，增强各类经济主体的活力和竞争力，并从根本上提高财政可持续性。

四、结语

从财政视角分析，在理论上，政府以税收驱动发行货币和现代经济体系格格不入；在制度上，以通胀约束为目标的财政预算制度是不可能实现的；在实践上，财政赤字货币化均酿成了严重通货膨胀的恶果。因此，现代货币理论存在无法克服的逻辑缺陷。扩张的财政政策、中央银行购买国债、量化宽松货币政策都是现代宏观经济学的应有之义，并不是根据现代货币理论引申得出的，其效果也与现代货币理论无关。因此，现代货币理论危害较大，难言贡献。

第四篇

国际风云变幻：

乱局和变局

中美关系依然复杂严峻*

周力　中共中央联络部原副部长

中美关系应该说是当今世界最重要的双边关系之一，要论复杂的话，这应该是最复杂的大国关系，也是影响我国安全和发展的最重要因素之一。因此，研究和分析美国这次大选，对我们努力实现中美关系向好发展，加快形成党中央确立的双循环新发展格局，努力实现"十四五"规划和2035年的远景目标，都具有极为重要的意义。我想就美国大选以及它的前景，对中美关系的未来谈一点儿我的看法。

第一个看法是，特朗普虽然下台，但是仍有很强的民意基础。

美国总统选举是间接选举，也就是说，总统和副总统由选举人团投票决定，而不是由选民直接选择。选举人通常由社会知名人士或者竞选经费捐助人担任，每个州选举人的票数同这

---

* 2020年12月27日，上海国际经济交流中心、上海发展研究基金会、清华大学中国与世界论坛联合主办"第六届2050中国与世界论坛——中美关系变局和2050国际格局"。本文是周力先生在论坛上的发言。

个州在国会两院议席的数量之和相等。美国现在有 100 名参议员和 435 名众议员,再加上华盛顿特区 3 张选举票,共 538 张选举票。当候选人得到超过一半选举票的时候,他就当选了。这一次选举,拜登最后的票数是 306 票,领先于特朗普的 232 票。

特朗普和拜登两人相差仅 70 余票,这说明特朗普的社会支持面依然很大。特朗普对共和党及其选民还有强大的影响力,无论在资金方面,还是在媒体的掌控方面,他的政治影响力还非常大。尽管我们也注意到,最近有些迹象表明,有少数共和党人开始背叛特朗普,但是目前共和党中还没有人能够取代他。美国一些评论分析认为特朗普失败有两个特殊的原因:第一是疫情极为糟糕,第二是提升美国经济的计划没有达到预期。

这次疫情进一步显示出美国群体的分裂。两个人的选票都创了美国的记录,美国两党的政治力量对比并没有因为这次选举而发生大的变化。众议院的改选当中,民主党拿到 435 席中的 218 席,超过半数,继续成为多数党。共和党 205 席,比上届多几个。参议院改选,共和、民主两党分别拿到 100 席中的 50 席和 48 席,剩下的两席应该是 1 月 5 日的决选,最后很可能也被共和党占有。所以这两天民主党最多也就是同共和党形成 50% 对 50%,并不占优势。这种情况说明,在美国支持共和党的选民和支持民主党的选民势均力敌。特朗普下台后会继续推动反全球化、反共、反华的政治议程,并在国会对拜登政府形成干扰和牵制。

第二个看法是,政权过渡的风险期现在还没有过去。

第四篇
国际风云变幻：乱局和变局

我们已经看到特朗普政府在最近的这一个多月时间里在继续摧残中美关系。美国国务院11月公开了名为"中国挑战因素"的文件，通过剖析中国在世界的政治观来抹黑中国，"说明"美国将中国作为对手的理由，试图为拜登政府的对华政策画框，文件还列出了美国需要完成的十项任务。在实践上，特朗普政府明确宣布限制中共党员及其家属赴美旅行，向台湾地区出售价值2.8亿美元的军备，还将我们的一些大企业如中国移动、中国电信、中芯国际等，都列入了制裁名单。

还有一点，美国国会将在2021年1月3日就职，在这之前的12月8日、12月11日参众两院通过了一个文件，其中有40项涉及中国，涵盖军事、经贸、技术、学术等领域。特朗普12月23日宣称，他反对法案中有关限制美国的一些条款，拒绝签署，但是按程序，如果参众两院再对这个法案投下2/3赞同票，就能推翻总统的否决意见，强行实施方案。

拜登也在为执政做积极的准备，陆续任命了多位白宫的高官，并提名了内阁部长人选。拜登表示，这个团队反映了美国回归的程序——美国准备领导世界，而不是退出世界舞台。

第三个看法是关于拜登未来要推行什么样的对外政策。

拜登提出的口号是"重建美好未来"，特朗普提出的是"让美国再次伟大"。口号没有什么特别的部分，但是拜登和特朗普在策略上还是有一些不同，比如，突出意识形态外交。首先是美国民主党2020年8月发布的党纲，将保护和促进美国安全、繁荣和价值观作为外交政策的最终衡量标准。预计拜登政府将从战略上加强谋划和部署，统筹协调政府各部门和非政府组织，在政治、经济、军事、外交、文化等各领域实施全方位的动作。其次是恢复美国在世界舞台上的领导作用，拜登主张筹建联盟体系，共同对抗敌人，并承诺重返从北约到联合国的各种多边组织，首要的就是气候变化协定和国际贸易组织。这意味着拜登对于美国对外政策或对外战略的调整，有可能从"美国优先"一下子跳到"同盟优先"，即在方式方法上，用"拉帮结派"来取代"单打独斗"。美国一些智库也在积极鼓励拜登用盟友关系重构国际秩序，主要有以下几个路线图。

第一个路线图是美国在七国集团的基础上吸收澳大利亚、韩国、印度等国家，提出建立"民主十国"的倡议。这是由约翰逊提出的，但是只有在拜登的积极推动下才能真正落实。拜登可能会把"民主十国"打造成重塑国际贸易规则并掌控世界经济的重要支柱，还可能打造新的气候变化倡议，为人工智能等技术建立共同规则和标准等。最关键的一条是整合自由世界，以更有效地打压中国、俄罗斯、伊朗、朝鲜等与美国价值观明显不一致的国家。

第二个路线图是恢复并加强对北约的支持，包括采取更强有力的对抗其他国家的举措，包括高度聚焦欧洲区域之外的国家。

第三个路线图是提升四边安全对话机制，明确推出印太战略，并且向东盟国家施压，要求东盟国家选边站队。

还有一点很重要，就是对于特朗普在大选结果明了之后对中国采取的一系列打压制裁动作，拜登到现在为止没有说一个

"不"字,拜登的团队也没有说一个"不"字,而是选择了沉默。这意味着什么?我认为,这意味着他并不反对特朗普对中国加紧打压,而且这样可以为拜登日后打压中国提供更大的空间。

第四个看法是对中美关系未来的估计。

中美关系能不能回到奥巴马时期,或者说,会不会出现大幅度的好转,我觉得可能还要再观察。我的基本看法是问题没那么简单,具体原因有以下几点。

第一,美国社会精英阶层现在都持遏制中国的态度。首先是两党在对华的态度上基本一致,区别只在于各自的着力点不同,具体做法不同。两党都希望借各种问题牵制中国,遏制中国;两党都赞同扼杀中国先进科技企业,把中国永远限制在产业链的低端;两党都主张纠正中美经贸关系的不公平、不平衡。区别是什么呢?民主党更加重视人权,而共和党更加直接。

第二,拜登不会否定特朗普打压中国的基本依据。如果拜登想跟中国发展关系或者脱离特朗普的轨道,就要脱离特朗普打压中国的基本依据。特朗普打压中国的基本依据最根本的只有两条:第一条是不能容许中国的发展愈加接近美国,更不能允许中国追上和超过美国;第二条是不能允许中国共产党领导的社会主义道路对美国的资本主义造成冲击。

目前来看,拜登政府最可能的做法是什么?第一点就是优先缓解同欧洲等盟友的贸易紧张关系,修复被破坏的联盟。第二点就是改革受损严重的世界贸易组织,以及致力于制定针对补贴和其他非市场行为的新规则。对中国则是先按兵不动,同盟友商议后再出台连贯的策略。

拜登提名的总统国家安全事务助理最近在接受《华尔街日报》专访，谈到对华关系的时候说："特朗普政府将中国视为美国面对的重大挑战是正确的，美国也确实需要通过强有力的方式同中国竞争，但特朗普政府没有真正意识到美国同中国竞争依靠的力量所在。"他认为，至少有四大力量没有被充分开发和利用，第一是美国国内的力量，美国需要加大对美国人民创新工业基础、工人教育基础等领域的投资。第二是盟友的力量，美国需要盟友的力量共同构建议程。第三是美国在国际机构的领导地位。第四是美国价值观，美国必须在事关人类尊严、人权和民主的问题上敢于挺身而出，发出响亮的声音。

由此可见，拜登对华政策调整的空间有限，意识形态的对立还可能会升级。因此我觉得我们对拜登政府，对美国新一届国会，还是要坚持底线思维，做好准备，不要以为可以大松一口气，认为拜登和特朗普在本质上有很大的不同。习近平主席在给拜登的贺电中，提出了中方对于未来中美关系的期望，指出中美关系健康稳定向前发展不仅符合中美两国人民的根本利益，而且是国际社会的共同期待。中美两国要同各国、同国际社会携手推进世界和平与发展。

我们对于中美关系恢复正常化的设想有以下几个方面：

第一是美国不能把中国看作对手甚至是敌人，不能大肆攻击中国人民选择的制度、道路。

第二是在这个前提之下，我们要努力加强各领域、各层级的沟通对话，可以梳理出对话、管控、合作。

第三是可以在抗击疫情、经济复苏、应对气候变化这三个方面找到合作的切入点。

第四就是强调双方要管控矛盾分歧，对于一时解决不了的问题要本着建设性合作的态度，加以管控，避免升级。

第五是改善民意氛围，鼓励两国从官方到民间社会各界广泛加强合作。

最后，中美关系是动态性的，时刻都在发生变化。

战略竞争是美国对华关系的基调*

吴心伯　外交部政策咨询委员会委员
复旦大学国际问题研究院院长、教授

我们知道特朗普政府开启了中美全面战略对抗，接下来拜登政府会如何处理跟中国的战略竞争？这个战略竞争会如何影响中美关系的走向？我将对此谈五个方面的观点。

第一个方面，拜登的对话战略会激增。

拜登讲得很明确，中国是美国最主要的战略竞争对手。尽管拜登对于竞争在对华关系中的地位还有一些不同看法，但是基本的结论是，竞争是对华战略的核心概念，是对华关系的基调，所以今后拜登的对华政策可能将围绕竞争来展开。

---

* 2020年12月27日，上海国际经济交流中心、上海发展研究基金会、清华大学中国与世界论坛联合主办"第六届2050中国与世界论坛——中美关系变局和2050国际格局"。本文是吴心伯先生在论坛上的发言。

第二个方面，竞争的重点在哪里？应该有以下几个领域。

第一个当然是技术领域。从特朗普政府到拜登政府，在应对中国经济的追赶方面可能反映了两个不同的思路。特朗普政府是想办法阻止中国在经济上追赶和超过美国。拜登政府则是另外一个思路：即使中国在经济总量上能够赶上美国，美国及其盟国也必须确保在关键领域保持领先地位，使中国因此成为"大而不强"的新兴经济体。这次拜登政府可能会在技术竞争方面，在新能源、先进材料、人工智能、半导体、机器人等领域同中国开展激烈的竞争，这是不同于特朗普政府的。

第二个是规则领域。民主党强调规则的制定，所以今后在对华问题上，会强调国有企业的治理问题、劳工标准问题、环境标准问题、知识产权保护、强制技术转让等，特别是数字经济规则。这一点可能跟过去的中美竞争不一样。特朗普政府在打压华为的时候，用的是"国家安全"这个理由，这在很大程度上是没有根据的。拜登政府可能会淡化国家安全的理由，强调规则。规则背后反映的是价值观，就是西方社会是自由开放的经济，中国则是一种反面的。因此他很可能要拉欧亚盟友一道，制定多边的数字经济规则，在数字经济这个核心领域跟中国竞争。

第三个是价值观领域。对于民主党来讲，价值观是其核心观点，强调对中国的价值观竞争对内可以起到社会动员的作用，对外可以起到凝聚盟友的作用。这是拜登政府和特朗普政府在这个问题上的区别，拜登政府更多地是针对香港问题、西藏问题、新疆问题等，就这些问题对中国提出要求，特别是可能把这些问题跟北京的冬奥会挂钩。

第四个是安全领域，主要聚焦在西太平洋。在奥巴马时期，中美的西太平洋安全竞争主要聚焦于南海，今后四年中美安全竞争的重点有可能转向其他方面。

第五个是金融领域。随着人民币走强和人民币国际化的推进，美国会越来越重视人民币对美元霸权地位的挑战，因此可能会在这个方面加大与中国的金融竞争，不仅仅要阻挠中国企业在美国上市，更重要的是要打压人民币的国际地位。

第三个方面，竞争的方式有哪些？

第一种方式是着眼于国内。特朗普政府时期的对华政策是外向型的，要不惜一切打败中国，遏制中国。他们很清楚，如果不练好内功，就不可能在竞争中赢得对方，包括技术竞争，除了对中国进行封锁之外，更多的是强调美国要加大对新兴技术研究的力度，确保美国的领先地位。第二种方式是争取多边。民主党的理念也具有可操作性，特别是在技术出口管制方面，如果没有多边的合作很难达到效果。第三种方式是讲究规则。竞争要有规则，当然这个规则必须由美国制定，而且竞争应该是大体上可控的。第四种方式是竞争但不排除必要的合作。在一些重要的领域，中美之间是有合作的必要的，而对特朗普政府来讲，合作最后变成了一个恶意的词。第五种方式是重视竞争的成本控制。特朗普到最后是不惜一切要打败中国，但是对于拜登政府来讲，要控制对华竞争的成本，不能不计后果地竞争。第六种方式是尽量多进行软制裁，就是用一些非对抗性的方式来遏制中国。

第四个方面，关于竞争的制约因素。

第一个因素就是国内集团。拜登跟美国的利益集团有着千丝万缕的联系，特别是这次竞选期间，华尔街贡献了大量资金支持。所以在拜登执政期间，科技、金融、制造业等这些利益集团，甚至包括华盛顿传统的智库，都会从很多方面来影响他的对外政策，包括对华政策。

第二个因素是盟友的因素。特朗普主要是对中国搞单边行为，拜登则强调要加强与盟友的协调和对话。这意味着盟友在对美国对华政策的影响方面，是有一定发言权的，这里面会有利益的交换。

第三个因素是接下来四年中美国国内政治经济形势的变化。对于这点我很不乐观，拜登政府是一个弱势政府，不仅就拜登本人而言，而且就美国整个当前社会经济形势（包括疫情）来看，今后四年基本上会是一个为国内问题所主导的情况，可用于对华竞争的资源是相当有限的。

最后一个制约因素就是中国方面。中国在这个过程中可以发挥积极作用来对冲美国的对华战略竞争。首先是我们看到的双循环；其次是采取新的对外经贸安排，相信我们还会有更多的双边和多边的投资贸易安排；最后是利用中美的对话和谈判机制，实际上在拜登竞选期间他的团队跟媒体是有判断的，所以第二轮中美对话和谈判在战略竞争方面是能够发挥一定作用的。

最后一个方面是中美关系的走向。

第四篇
国际风云变幻：乱局和变局

今后四年中美关系的走向无非有三种可能。第一种就是回到传统的竞争加合作型：竞争的态势突出，但是合作也是双边关系的重要方面，这是奥巴马时期中美关系的态势。第二种是竞争主导型：竞争是双边关系的基调，并且大体上是良性可控的，虽然不排除合作，但是总体上合作的分量较轻，不占主要位置。第三种是竞争冲突型：竞争是恶性的，因失控而导致对抗和冲突，爆发新冷战的风险增大。在特朗普时期特别是最后两年，中美关系就是往这个方向走。今后四年中美两国的努力方向，应该是避免竞争冲突，争取竞争加合作，确保良性竞争主导。

今后四年中美有一个共同点，就是要对竞争关系进行重新界定。拜登执政无疑给两国关系提供了一个缓和与调整的机会，但是能否抓住机会，首先要看双方能否确立对对方战略意图的基本信任。对中国来讲，美国是不是还是要挑战我们的体制；对美国来讲，中国是不是已经有一个路线图要挑战美国的霸权地位。其次是能否有效开展合作，拜登团队已经提出中美之间可以开展合作的一些领域，中方也已经把合作摆在台上，关键问题就是合作能不能按照双赢的方式开展。最后就是能否管控好越来越多并且越发棘手的问题，考验的是双方各自政策调整的能力、克服或降低国内政治干扰的能力以及控制焦虑和冲突的能力。

在中美关系演变的大趋势下，未来四年的调整可能是暂时性的。双方有很大的历史性责任，要让这个阶段成为中美竞争关系新的调整期，使中美关系迎来一个改善期。

美国大选后中美关系发展趋势 *

时殷弘　国务院参事

中国人民大学国际关系学院教授

展望未来，从中国的视角看，就中美关系缓解或稳定而言，拜登当选美国总统既有裨益也有弊端，而且拜登当选与特朗普连任有重大区别。一方面，由于特朗普政府在全球治理、中美贸易、中美战略竞争和外交往来等领域极端倒行逆施，采取危险行为，拜登新政府的纠错便只是时间问题。另一方面，当前美国对华态势既有多方面强劲和持久的结构性动能，又有同样多方面强劲和持久的国内政治和社会动能，因而这次纠错必然是局部和有限的，且在另一些领域与华对抗和竞争有可能进一

---

* 2020年12月27日，上海国际经济交流中心、上海发展研究基金会、清华大学中国与世界论坛联合主办"第六届2050中国与世界论坛——中美关系变局和2050国际格局"。本文是时殷弘先生在论坛上的发言。

步加剧。

美国大选后的中美关系趋势颇大程度上可由中国影响或塑造，因而中国方面的战略和政策及时进行适当的调整至关重要。中美两国目前各自的态势没有显著缓解对抗或竞争，中国需要采取主动，以避免中美军事冲突。为了共同利益，应争取美国新一届政府尽早与中国从事进行有具体重要议题的对话或谈判。就中国而言，最根本的是两点。第一，坚决、充分和较持久地实施战略军事调整，以此作为基本谈判条件，谋求减抑中美各自战略前沿碰撞的危险，促成新的战略稳定。第二，在一段时期里，总体上与美英以外的发达国家或发展中大国保持稳定关系，以促进战略集中，减少一二线对手。

从中国的角度来看，或者从有所缓解、保持比较稳定的中美关系的角度看，拜登当选美国总统有如下裨益。

与特朗普相比，拜登和哈里斯远没有那么狂野、粗俗和行为易变，因而可望给美国对华政策和策略带来较多的可预料性和相应的稳定性。他们更担忧与中国军事冲突的可能性，更注意中美之间的较高层外交沟通和对话，或者说逆转两国间事实上几个月来就较高层而言的外交"脱钩"。他们反对对华关税战，认为它过大地损害了美国商界和消费者利益，在原则上立意于全球治理和全球多边主义。

然而，站在中国的立场看，或者说也从有所缓解、保持比较稳定的中美关系的角度看，拜登当选美国总统也有如下弊端。第一，在涉及中国主权和领土完整等重大问题上，拜登和哈里

第四篇
国际风云变幻：乱局和变局

斯政府与特朗普政府相比不会有重大区别，甚或在其中某些重大问题上有过之而无不及。第二，对华高技术"脱钩"将以相似的程度继续下去，指控中国在从事颠覆、渗透、情报活动的"执法行动"也将以相似的程度继续下去。第三，在相当大程度上修补美国在欧洲和东亚太平洋的同盟关系，从而主导或促成一个较全面的西方"反华统一战线"。其中最关键的有两点，一是越发聚合的高技术对华"脱钩"，二是正式同盟、非正式联盟和随机军事协作相结合的对华战略威慑和备战。

拜登和哈里斯属民主党中派（民主党现无右派），依赖民主党左派的必不可少的支持去竞选得胜，去执政施政，因而在不同程度上"绥靖"或迁就该派势力关于中国的要求，包括其在根本目标、美中外交沟通和对话以及全球治理和全球多边主义等方面的要求，而在这些方面民主党左派可谓与共和党民粹派类似。

拜登不得不在很大程度上"绥靖"或迁就"白人草根"或特朗普的选民基础，民主党政府要在较显著的程度上"治愈"一个由特朗普留下的严重分裂的美国，否则就将缺乏起码的政治自信、道德自信与政治声誉。

拜登有责任继续贯彻特朗普政府的对华法律制裁政策，鉴于国会两党近乎全员一致的反华立场，废弃任何对华制裁几乎无可能。

特朗普当政期间，民主党强烈敌视俄罗斯，拜登本人在竞选期间也反复发表仇俄言论，用《纽约时报》11月9日一篇文章的话来说，普京在准备确立一种与美国新总统的深刻敌对关系。也因此，鉴于中国在中美强烈对立和竞争中对于中俄战略协作伙伴关系的更大需求，民主党拜登政府的反俄态势将为中美紧张关系得到显著缓解增添困难。

此外，在预计拜登政府可能的对华政策时，还必须强调为规避近乎无法"化方为圆"的众多巨大政治和社会纠结。拜登在竞选中的基本战略是攻击特朗普侵害美国民主制，却不提出一套清晰和系统的政策纲领，而特别由于几项原因（美国内部的严重分裂、国会参议院仍由共和党人占多数和众议院内的民主党多数显著缩减、美国新冠肺炎疫情大流行与经济衰退皆空前严重、民主党自由主义精英自2008年以来怠于世界观的重大创新性调整），这样的政策纲领很可能长期缺位，而所有这些大概势将延宕拜登政府对华政策体系的浮现，无论该政策对较稳定的中美关系而言是良性的还是恶性的。

总而言之，所有上述相关的分析和判断表明，在预计拜登政府的内外方向时，最容易犯的错误是下意识地将拜登总统想象为奥巴马之下的副总统，将拜登政府想象为奥巴马政府。殊不知，2016年以来美国和其他多个大国（尤其是中国）已经发生巨大的变化。虽然总的来说拜登意欲恢复往昔，恢复"正常"，但他大概至多只能回返半途，无法以基本不变去应万变。

就美国对华行为而言，总统选举的假设结果与真实结果可能存在的区别是：假设特朗普竞选连任，那么特朗普新一届政府将加大中美之间在西太平洋军事对抗甚或有限冲突的风险，将

第四篇

国际风云变幻：乱局和变局

为大量增加美国对华出口而更蛮横地挤轧中国，同时维持甚或增加对中国对美出口征收的高关税，将就香港、新疆、南海甚至西藏等问题对中国施加更多的法律制裁，将进一步针对其所称的"中国在美搞颠覆、渗透和情报活动"开展"执法行动"，将加剧高技术对华"脱钩"，将继续几乎不与中国进行原则上的、关于全球治理和全球多边主义的合作，将对华进行更激烈的军备竞争。

与上述加剧中美关系全面恶化的假设情况相反，拜登政府迟早将与中国就第一阶段中美贸易协议重新谈判，减少施加于中国的、过分巨大的美国对华出口量，使之在一定程度上符合中国的真实需求和真实履约能力，实质性地削减对中国对美出口施加的高关税，包括减少被征收高关税的对美出口量和降低高关税税率。这很可能会发动主旨为中国经济"结构性变更"的第二阶段中美贸易谈判，那是特朗普政府在4月往后反复表示意欲放弃的。当然，发动谈判是一回事，达成协议且经过一段较长的时期，协议被确认及切实贯彻是大为不同的另一回事。拜登政府还将进行中美之间较高级别和较早的外交军事对话，旨在部分缓解中美之间的高度紧张。

中美之间军事冲突的可能性将大为降低。民主党执政时期，对华将减少黩武性，进行更多旨在防止危机和管控危机的沟通。不仅如此，如果中国能在已有的战略军力"井喷式腾升"之后，放慢战略军力建设的高速度，那么美国对华军备竞争很可能会得到缓解，逐步恢复原则上或言辞上的中美合作，包括在气候变化、民用网络安全、反恐和抗击新冠肺炎疫情等问题上，虽然在实践中的具体结果将颇为有限。

中美关系趋势颇大程度上可由中国影响或塑造。这个应当肯定，也必须肯定，因而中国方面的战略和政策及对其进行适当的调整至关重要。

应当争取停止中美关系恶化的趋势，由中国采取主动，以避免中美军事冲突为根本共同利益、起码"公约数"和统领性议题，开展讲求实际、足够聚焦和有具体重要提议的对话或谈判，并大致将一切较小或微小的彼此妥协当作分支性努力，服务于双方的共同利益。

就中国而言，根本的至少有两点：第一是在南海、台湾地区问题和军备竞争方面坚决、充分和较持久地实施战略军事收缩，以此作为促使美国新一届政府实施战略收缩的基本谈判条件，谋求减抑中美各自战略前沿碰撞的危险，促成中美之间新的战略稳定，并且争取分化美国政界的对华态度，争取国际社会尽可能多的理解和同情。第二是一段时期里坚决不对抗美英以外的其余发达国家和任何发展中大国。对其反华斥华行为一般需坚毅地忍耐，以促进目前特别重要的战略集中，减少一二线对手，争取较多的中立者和同情者，切实地维持和发展与欧盟、东盟及韩国的合作互利关系。

特别重要的是要牢牢记住和反复提醒自己两条：第一，中国面对的是世界上最强大、有最大范围的发达国家联盟，并且最惯于以系列实践行动展示霸权意志的美国，与之经久斗争和周旋实属不易,因而这样的一线对手只能有一个。第二,在当今和可预见的未来,美国、中国和其余大国都缺少资金,除了绝对必需和迫不得已,都很不愿流血,而且都有许多国内困难和国内任务要优先处理,因而只要确信对方会退一个台阶,就宁愿自己也退一个台阶。牢记这两条,据此去确定轻重缓急次序,对确保中国长久地立于不败之地至关重要。

民族主义的起源、性质和未来*

赵鼎新　芝加哥大学社会学系终身教授
　　　　浙江大学人文高等研究院院长

30年前,美国是世界规则的制定者。20世纪80年代末90年代初,美国在世界推广经济开放的自由主义、政治的民族主义,被称作"第三次民族浪潮"。但是现在美国是世界规则的破坏者。美国的民族主义情绪,特别是特朗普式的民族主义情绪,现在叫民粹民族主义,也非常厉害。近来,在美国、印度、土耳其、中国、日本、俄国、韩国、越南等世界上绝大多数国家,民族主义情绪都在上涨。大家现在想知道,当前强大的民族主义是从哪里来的。当前世界的民族主义发展跟以前不一样。我

---

* 2020年9月3日,上海发展研究基金会举办"沙龙第162期:民族主义的起源、发展和未来"。本文是赵鼎新先生在沙龙上的演讲。

首先要谈民族主义起源和发展的九个阶段，再来谈知识分子对民族主义性质的理解误区。

一、民族主义起源和发展的九个阶段

民族主义是一种认同。家庭之外认同感的建立主要靠某种形式的外在强制性想象，或者说，家庭以外的认同感的建立主要靠的是意识形态和强制（即政治），而不是什么客观基础。民族主义和民族国家起源于西方，是西方强加给全世界的，所有的非西方民族主义（包括"中华民族"）都只是被动地回应。这一被动回应在西方思潮和西方政治主宰的客观条件下非常有必要，但这也并非唯一有效的回应方式。政治—意识形态互动框架是理解民族主义这一现象最为有效的视角。基于这一视角，可以把民族主义的发生、发展、现状和未来分成九个阶段。

第一阶段：犹太—基督教带来的意识形态突破

人类怕死，活着总在祈求保佑，又需要寻找死后的意义，这时候就会想象出各式各样的神，在各地出现了各式各样的宗教。但是逐渐地，神的地位产生了高低差异。我这个部落打败你了，我就说是我的神保护了我，我的神排序高了。随着社会分层，神也出现了分层。我把这个阶段称为初步排斥性认同的形成阶段。那时候出现了犹太教，但如果只有犹太教而没有基督教是不行的。因为犹太教很难扩大，基督教实际上早期也是犹太教，一开始受罗马帝国打击，后来逐渐变成国教。基督教维持了犹太教式认同的零和特征，即只有我对，我的神是真理，你的神是谬误。基督教的意义是什么？犹太教是民族的宗教，而基督教则是帝国的宗教。

第二阶段：西方君主通过再征服运动、宗教战争控制本国宗教

没有基督教的意识形态特征，就不会发生十字军东征、再征服运动（如西班牙天主教统一西班牙）和宗教战争。当时，基督教的教义可以被重新解读，于是在各帝国出现了对基督教教义的各种诠释，教皇无法控制了，这个时候宗教改革就诞生了。宗教战争撕裂了基督教世界，为君主在基督教式的理念中加强对本国宗教的控制和改造提供了合法性依据，西欧各国由此出现了大规模的认同感的重新整合。

第三阶段：七年战争和美法革命

民族主义真正的产生是在这个阶段。美法革命使民族普遍的价值观和意识形态认同得到了加强。国家认同成为西欧部分国家一些普通人的观念，并且其人数逐渐增长。现代意义上的民族主义在西欧国家开始兴起。虽然自由主义的民族主义在这一阶段占据了主导，但没有帝国主义就没有民族主义。革命和民族主义都是帝国政治的一部分，也可以说是帝国政治的企及和非企及结果。随着民族主义的产生，相当大规模的文化繁荣出现了。在民族主义产生之前，欧洲上流社会的音乐主要是神

圣罗马帝国的音乐；民族主义的兴起后，浪漫主义音乐出现了，每个国家都有了自己的代表作。但浪漫主义音乐实际上是在进行一次文化清洗，本来每个地方每个村庄都有不同的音乐传统。一旦出现几个"肖邦"这样的人物，就出现了"波兰音乐"的说法，民间的很多音乐就被清洗掉了，所以说民族主义在客观上进行了文化清洗。

第四阶段：拿破仑帝国扩张，民族主义成了扩散力量，族群民族主义形成

如果没有拿破仑的扩张，民族主义就是美洲形式，拿破仑的扩张导致了民族主义在整个欧洲大陆的扩张。拿破仑喊着"自由、平等、博爱"的口号，以至于黑格尔这类知识分子恨不得拿破仑明天就打过来，把黑暗的德国制度打掉。但后来他们发现，拿破仑的法国军队照样烧杀抢掠。同时，拿破仑把很多法国的思想，如民族主义，种植在中欧、南欧、东欧的国家中。德国、意大利出现了一大堆民族主义者，这都是拿破仑战争导致的。这时候，出现了族群民族主义——如果你不是我这个族群的人，要么就被赶走，要么被变成二等公民。这种情况导致知识分子认为，原来民族主义有两种，一种是好的民族主义，像法国、英国的民族主义，一种是坏的民族主义，就是德国、意大利的民族主义。

第五阶段：大英帝国将民族主义带到东方，日本成为一个中转站

民族主义在西方帝国主义扩张和英俄争霸的过程中扩散到了整个欧洲，乃至部分亚洲地区。第一次和第二次工业革命使大英帝国快速崛起，英国的势力随之扩散到其他欧洲国家以及非欧洲国家，成为名副其实的"日不落帝国"。英国在全球化早期的对手是法国和奥斯曼帝国，后来是俄国。英国的前沿阵地是阿富汗、印度等国。西方帝国的帝国政治和意识形态刺激了各个非西方国家的民族主义的产生。西方也是民族主义人才的培养地，是非西方民族主义的思想武器库。甘地在印度的时候，骄傲地认为自己就是大英帝国的臣民，但是到伦敦之后，才发觉原来他是二等公民，自己其实是个印度人。20世纪初，中国著名的民族主义者都到过日本学习，像鲁迅、章炳麟、周天华、秋瑾，还有孙中山、梁启超等。

第六阶段：一战、十月革命和民族解放运动的兴起

一战是帝国政治的产物。民族主义的发展每一步都是帝国政治的产物，但是随着民族主义的推进，某些帝国垮台，剩下的帝国继续搞帝国扩张，结果又导致战争，产生出更多的民族主义。一战以后，奥匈帝国垮台了，奥斯曼帝国垮台了，大英帝国明显衰落了，俄罗斯帝国则以苏联的形式得以保留。在所有垮台的帝国内，都发生了许多次大规模的族群清洗，比如爱

美尼尔人被土耳其人进行种群清洗。十月革命产生了新的民族主义理论。斯大林的民族理论是,民族存在的基础是经济不平等,而共产主义是超越民族的。

第七阶段:二战,英、法、日帝国的垮台和民族主义运动的全球化

二战又造成日本、德国、英国、法国等帝国主义的相继垮台,世界被分成两个阵营:社会主义阵营和资本主义阵营。二战以后开始产生了大量的无历史民族,他们强行打造自己的民族主义。二战之前的民族都有很强的客观基础,民族要有共同语言、共同宗教等客观基础。但是,二战以后,大量的民族不需要客观基础,只要想象自己是一个民族,就是一个民族了。

第八阶段:第三次民族主义浪潮和自由主义民族主义的复兴

第三次民族主义浪潮是从19世纪70年代末到20世纪初。在将近20年的时间里共发生了三次大事,第一次是东欧剧变和苏联解体,第二次是世界上出现了唯一的超级大国——美国;第三次是民族主义的性质突然改变。

第九阶段:第三次民主浪潮的终结和民族主义运动性质的多样化

最近10年,和当年苏联输出革命相比,美国输出民主的效果不是很好。如果说当时苏联输出革命的反弹导致了苏联的垮台，美国输出民主则造成了美国最近三四十年的大规模国力衰弱。民族主义运动性质也呈现出多样化，有的地方搞宗教民族主义，像土耳其，有些地方搞族群民族主义，美国搞民粹民族主义。现在的民族主义五花八门，世界各地在意识形态上高度分化。这个高度分化，不但反映了当前世界政治和民族主义的发展趋势，更进一步揭示了知识分子的天真。

二、知识分子对民族主义性质的理解误区

知识分子对民族主义在理解上存在几个误区，而实际情况却非如此。

误区一：民族主义有单一的起源原因。

实际上：民族和民族主义是犹太—基督教意识形态和西方近代政治的产物，与东方文明无关。它的形成是一个逐渐发展的过程，并不是由单一因素决定的。民族主义没有本源性质，它总是能与影响力正在上升的意识形态结合，并产生多个变种。

误区二：民族主义有"民主"因素，需要有公民权利与义务。

实际上：没有帝国主义就没有民族主义，革命和民族主义都是帝国政治的一部分，也可以说是帝国政治的企及和非企及结果。民族主义不仅仅是帝国的坟墓，帝国政治既是反应性民族主义的激发条件，又是民族主义的推手。

误区三：有好的民族主义（civic nationalism）和坏的民族主义（ethnic nationalism）。

实际上： 民族主义并不分什么好坏。民族认同不仅是反抗者的武器，掌握着大量资源的国家或者某个地区的精英群体也会很有兴趣甚至野心来构造民族认同，它是一个上下都有"帮手"的意识形态。

误区四：民族主义有客观基础。

实际上： 一个产生了独立欲望的群体即使没有特殊的语言、宗教和历史作为想象基础，他们也能声称自己是一个"想象共同体"，并且用当前世界的主导性意识形态对自己的诉求进行道德包装，站在道德高度强行制造认同感，它是一个可以无中生有的意识形态。

误区五：民族主义能保护地方文化。

实际上： 民族主义不是保护地方文化的法宝，而是地方多样性文化的杀手。

第五篇

全球金融治理：
挑战和开放

金融对外开放：认识、特征和风险*

尚福林　原中国银监会主席
全国政协经济委员会主任

近年来，金融部门按照习近平总书记关于对外开放"宜早不宜迟、宜快不宜慢"的要求，有序跨境开放。特别是 2020 年 5 月根据国务院金融委统一部署，有关部门提出了 11 条金融改革措施，充分体现了对接国际高标准规则、在更高水平上推进金融改革的决心和信心。

本文重点就我国金融开放问题和大家分享几点看法。

一、深刻认识金融开放对经济高质量发展的重要意义

对外开放是我国的基本国策。习近平总书记指出，过去 40 年中国经济发展是在开放条件下取得的。作为对外开放的重要

---

* 2020 年 11 月 21 日，中国国际金融 30 人论坛和对外经济贸易大学联合主办、中国社会科学院世界经济与政治研究所国际金融中心协办"中国国际金融 30 人论坛（第二届）"。本文是尚福林先生在论坛上的发言。

组成部分，金融开放的政策和措施始终与中国对外开放的总体战略保持一致，与社会主义市场经济发展阶段相适应，特别是2018年以来，金融开放提速，先后出台了多项放宽外资机构准入限制的政策，降低和取消外资持股比例，扩大业务范围的开放措施取得了显著成效。

中国人民银行对外宣布现在金融开放方面的负面清单基本上已经清零。对外开放引入外资金融机构、境外资本、人才队伍、管理经验等，弥补了金融业服务短板，全面提升了中国金融业发展水平和金融机构竞争力，更好地适应了经济发展和城乡居民金融服务的需要。回过头来看，现在的金融体系和改革开放之初的金融体系相比发生了翻天覆地的变化。

同时，对外开放也使积极参与投资的境外金融机构和投资者获得了合理的回报。2008年之前外资金融机构在国内的发展保持了一个持续向上的态势，而2008年以后外资金融机构在我国全部总资产当中的规模是在逐年下降的，这主要是受2008年金融危机的影响。金融危机以后，一些外资金融机构选择出售位于中国以及其他国家和地区的资产，或者是主动减持中资银行的股份，这些举措的主要目的是收缩自己的经营，修补自己的资产负债表。

这些年，中资金融机构把握住了国内经济高速增长的机遇，资产规模增长远远超过在华外资金融机构以至全球水平。2008年以后随着信贷规模的扩大，国内银行增长的速度比国外这些金融机构增长速度要快，客观上也稀释了外资市场份额，这是整个市场的变化情况。

这些年外资金融机构在市场上整个份额是下降的、收缩的，主要原因是我国发展得快，国外机构为了修复资产负债表而有所收缩，并不是对外开放的措施或是整体方向有什么改变。从2008年以后进一步扩大开放，2020年又推出了11条金融业对外开放措施，由此可见，扩大开放的进展正在加速。

大量借鉴国际上成功的经验，结合我国实际情况推进金融改革不断深化，金融市场体系也更加完善，金融机构服务和管理以及内控水平都在不断提高。比如说在监管方面，监管领域有个提法是"监管趋同"，不管是证券市场监管还是银行业监管都与国际上基本趋同，每年有国际货币基金组织和世界银行联合第三方的评估，每次评估时我国的监管水平和美国的水平得分不相上下。

这样有效提升了我国金融业市场效率和防范风险的能力，促进了金融行业的发展。

二、深入分析本轮对外开放的特征和挑战

十九届五中全会全面深刻地分析了当前的形势和我国发展环境发生的深刻复杂的变化，提出要坚持实施更大范围、更宽领域和更深层次的对外开放，促进国际合作，实现互利共赢，建设更高水平的开放型经济新体制。在金融领域高水平开放至少具有以下几个特征。

一是从商品要素开放到制度型开放。这一轮开放更多是在

制度型开放上，比如，现在大湾区扩大开放，大湾区面临三个法规体系，内地、香港和澳门。如果大湾区开展各种业务活动，首先要解决制度问题，要想从根本上改变法律制度还面临着很多实际问题，相信许多人都对这方面有很深入的研究，能不能想办法研发出一个类似于电源插头转换器的东西，来解决这个问题。

二是从被动开放到主动开放。我国刚加入WTO的时候，确实有"狼来了"的担心，觉得外资力量大，对银行的影响也会大。但是开放以来，我国通过参与国际竞争提升了自身竞争力，并没有受到很大的冲击。到今天我国主动向世界承诺，开放的大门只会越来越大，这背后反映的是这些年国内金融市场、金融机构通过良性竞争与国际先进水平不断缩小差距的事实，表现了我国对自身发展的信心。

三是从单向引资到双向开放。早期我国还是以引入外资为主、引入机构等为辅，通过引入国际资本激发金融市场活力，到现在引进外资与对外投资并重。2019年我国实际使用外资金额是9 415.2亿元，这在发展中国家中居首位，在全球居第二位。与此同时，越来越多中资机构在海外市场布局参与国际竞争，中资机构以"一带一路"建设为契机，在沿线国家拓展市场。

四是从制造业开放到进一步扩大金融业、服务业开放。过去我国还是主要利用劳动力成本优势，形成外贸型两头在外的开放模式。当前我国要进一步扩大金融市场的对外开放，加快与国际市场接轨。同时我们要清醒地看到，随着对外开放水平的提高，我国面临的各类开放风险和挑战也在增加。

进一步对外开放面临两个问题。第一是风险在增加，国际市场的波动在加大，而且国内外市场利率水平差额也在加大，我们确实面临着扩大的风险。第二是对外开放的步子也在加大，要处理好这个平衡关系，进一步扩大开放。

从外部环境看，当前世界经济格局正处于深度调整过程中，现在正处于百年未有之大变局，内外部环境相比改革开放之初发生了深刻变化，我国对外开放面临的外部环境趋于严峻，风险和挑战明显增多，部分国家持续显现无限量化宽松货币政策、外溢效应，可能滋生资产泡沫，向境内传导输入的风险也在加大，而且非经济因素的影响也在增加。特别是受中美关系影响，外资现在呈现"大进大出、快进快出"的迹象，资金流动频率和波动都有所增加。

从我国自身条件看，一是要加快形成系统化、制度化的开放格局，形成规范透明、预期稳定的市场环境。第一是制度方面，从国际投资者的角度看，中国市场有很多制度需要建设。第二是在指导经济发展当中的经济政策问题，往往令外资银行感觉市场不够透明。第三是市场预期到底怎么样，有些专业人士觉得不稳定。随着开放进一步深入，这些也是需要我们解决的问题。

二是随着开放深度加大，市场竞争加剧，我国境内中资金融机构在国际化运作方面与国际一流机构仍然存在着比较大的差距。在前文中提到过去怕"狼"来了，而实际上没有遇到多大冲击。外资机构中有一个观点：我国引进外资要发挥外资的"鲶鱼效应"，然而现在却感觉不到"鲶鱼效应"，好像它起的作用很小。外资银行代表实际上是中国人，对我们的市场非常了解。

针对上述观点进行分析，由于鲶鱼是被放到不同池子里，所以才感觉不到"鲶鱼效应"。我非常认同这个观点。我国有大量上市公司是在海外上市，如果分析这些上市公司的主承销商是谁，会发现深圳在海外上市的公司一共有140家，其中30家主承销商是国内的券商，剩下110家都是海外的。所以在海外上市这个领域我们是竞争不过海外券商的，因为券商背后是投资者，海外投资者肯定是要找海外的券商，这种"鲶鱼效应"就很明显了。

大家都知道一家大型上市公司要在海外上市的话，保荐费用是很高的，是按上市市值百分比收取的，即便不谈这块收益，在制度上、管理上、对国际市场的理解上，我们实际上都有差距。

就银行来说，我们也能很明显地看到，国内外资银行和国内银行竞争肯定是处在弱势的，但是在做国际业务特别是一些不要资本金的中间业务时，外资银行还是占据优势的，所以我国在国际竞争方面还有短板。

三是自身监管能力和扩大开放的需求仍然不匹配。虽然体系和监管法律在国际每一个监管地区都不太一样，但仍需我们进一步研究与完善。

三、对进一步扩大金融开放提几点建议

扩大金融市场开放的目的是提高我国金融市场在配置资源当中的效率。我们之所以要扩大开放,是要提高自身的效率,增强中国金融市场的弹性,提高防范金融风险的能力。我国要积极参与进国际金融市场中,包括在国际市场上去竞争和参与国际金融市场的治理,这样才能达成"全球与国际最佳实践对接"。

对进一步充分激发我国金融业开发的潜力和吸引力有几点建议。

一是要依靠制度环境,不断优化市场经营环境和发挥市场巨大潜力。我国的市场潜力很大,但是这个潜力对外资的吸引力,对我国扩大开放的吸引力还有待通过进一步完善市场环境去激发,从而把潜力变成现实的吸引力。要继续完善市场基础制度,营造与高水平开放相匹配的制度环境,提高我国市场的包容性,提升吸引和配置全球要素的资源能力。

二是要依托国内大市场,强大的国内市场是我国对外开放的巨大吸引力和最强的吸引力,也是稳定发展经济和抵御外部风险的根本依托。经过40多年的改革开放,我国已经具备了依托国内大市场开展国际合作的良好环境。在新冠肺炎疫情的影响下,我国经济率先复苏,金融市场又总体平稳,人民币资产受到海外投资者普遍青睐,国外机构已经连续22个月增持中国债券,持有规模也在不断扩大,这反映出国际投资者对中国经济长期健康发展、金融持续扩大开放的信心。中国要继续丰富

金融产品供给，满足国际投资者多元化的投资选择和风险管理需要。

三是要强化国际合作和培养国际竞争力。目前我国已经是世界第一大贸易大国，对世界经济增长的贡献率达30%，占世界经济的比重已经达到了16.3%。特别是随着深化境内外资本市场互联互通，未来外资在境内股票债券市场投资比重将进一步提高，国际金融市场波动和跨界资本流动对我国资本市场的影响也将不断加大。

我们经常看到股市上那些评论家分析，现在股市涨了，北上资金有多少；这两天股市跌了，北上资金又南下了多少，等等。实际上外资流动已经成为影响市场波动比较重要的因素，这种分析有一定的道理。现在外资交易金额已经同境内机构投资者资金比重趋同，因为境外进来的98%是机构投资者，而且和境内投资者数量差不多，已经完全拥有左右市场走向的能力了，这确实需要我们进一步完善对跨境资本流动的监测。

避免金融风险跨境传播，要加强监管部门间的信息共享和监管协同，强化开放条件化监管能力和风险防控能力的建设，有效防范跨境资本风险，要更加注重国际经贸、国际金融领域的规则制定，深入参与全球金融治理。

在过去的监管实践中，我国在国际金融治理方面做了大量工作，一个是美国霸权主义表现出对国际金融市场的影响，另一个是国际金融治理有一个大致相同且大家都认可的原则，比如世界各主要经济体参与制定并实施的《巴塞尔协议Ⅲ》。

各国监管实践实际上不一样，拿会计准则来讲，国际上有两套，一套是欧洲的，另一套是美国的，这两个会计准则在国际上本身就有很多的争议，但是它又确实是基于各国的实际情况做出来的，适合它本国国情的会计准则。美国会计准则非常突出的一点即公允市场价格，基于这个会计准则，欧洲公允市场价格一部分流动性小，所以欧洲会计准则在这方面做得就不一样。原来国际会计师理事会基本上只影响欧洲，后来发展过程中美国占优势，它也产生了很大影响。

我们做这些工作要考虑国际准则，还要考虑不同市场之间有不同的要求，更重要的是还得考虑我国自己的国情和国际上有些什么不同。

四是要稳步推进人民币国际化，随着我国经济融入全球化的深度、广度不断增加和金融业扩大对外开放，人民币在国际上的应用范围和国外投资者对人民币资产的需求不断增加，因为中国市场增长快而且稳定，加之我国的外汇储备近年来一直呈现快速增长的态势，汇率保持基本稳定，国际市场对人民币国际化的需求在不断提升，所以要顺应市场的需要，不断提升人民币跨境支付、投资、交易和储备功能，以及人民币在国际市场中的规模，这也为外资提供了更多的投资机会。

国际金融体系改革和中国影响力 *

金立群　亚洲基础设施投资银行行长

当下我们所处的国际经济秩序，是战后成立的布雷顿森林体系。布雷顿森林体系建立的过程给我们很多思考，其中一个关键的问题是历史的重复。

二战行将结束的时候，法西斯的失败已没有悬念。反法西斯国家已经开始考虑战后如何建立一个新的体系，以防止战争再次发生。1944年7月1日，布雷顿森林会议召开时，正值世界经济重心从英国向美国转移之时。70多年后的今天，一定程度上的经济重心转移再次出现。我认为，从一战结束到二战爆发，仅仅间隔20年，其中一个重要原因是各国都采取"以邻为壑"的政策。美国要求英法还款，英法就向德国索赔。因索赔额度巨大，德国忍无可忍，又发动了战争。二战快结束的时候，

---

* 2021年5月16日，中国国际金融30人论坛主办、中译出版社有限公司协办"中国国际金融30人论坛（第三届）"。本文是金立群先生在论坛上的发言。

主要国家都在思考如何防止这样的事情再次发生。

再看70多年以后的今天,我们应该思考,如何防止冷战变热战,如何防止产生新的冷战,如何防止新的冷战变成新的热战。如果不能和平地渡过这个重大历史关头,所有国家都将面临灾难。正确认识国际经济秩序的建立和70多年来的运行历程,并从中吸取经验教训,对指导我们下一步的战略是非常关键的。当年各国是如何设计这个战后体系的?为什么要设计这样一个体系?这个体系有什么地方到今天依然有效,有什么地方已经失效?分析清楚这些问题,对指导中国在21世纪的国际政治与经济体系中发挥更大作用,尤其是在金融方面发挥更大的作用,是十分重要的。

二战结束后,中国也是战胜国,作为名列第四的大国参加了布雷顿森林会议,但是整个布雷顿森林会议的讨论基本都是在英美两国之间展开的,其他国家实际上只是列席而已。很多国家在当时都还是殖民地,没有参加这个会议的可能。中国在当时能够参加这个会议,并在布雷顿森林机构里位列第四,是十分难得的。但是,当时的中国没有发言权,主要是英美两国在博弈。那时的世界经济和金融的重心正在从伦敦转向纽约。二战在很大程度上催生了一个"新美国",尽管美国当时的国力无出其右,但作为新生力量,美国既有强势表现的冲动,又有团结大家,特别是团结欧洲诸国的意愿,那时候它在很多方面还是比较讲道理的。二战给美国带来了很多机会,美国牢牢地把握住了这些历史机遇。

第五篇
全球金融治理：挑战和开放

在设计国际经济体系的时候，英国的凯恩斯和美国的怀特进行较量。论知名度，怀特只是美国财政部里一个名不见经传的中层干部。他们之间较量的焦点是国际经济体系到底要维护哪个国家的利益。值得我们思考的是，一方代表英国的利益，一方代表美国的利益，双方同时还要代表全球的利益，在当时的历史条件下，能拥有这样的政治远见很不容易。现今，有些国家的政客已经大大退步了，他们只考虑本国的利益，不再考虑其他国家的利益。其实如果不考虑别人的利益，只考虑自身的利益，自身的利益最终也是保不住的。任何一个国家进行国际谈判，不考虑自己国家的利益是不可能的，但应该从什么角度来考虑是值得思考的问题。

最后，还是美国怀特的意见占了上风，国际经济体系需要自由贸易和资金的自由流动。当时，欧洲国家需要美国提供粮食、资金和各种机械设备。美国吸取了一战以后的教训，决定要帮助欧洲国家重建，同时也不要求欧洲国家立即偿还美国的债务。这段历史值得我们从更深层次的意义上去研究。当时的设想是要成立一个国际货币基金组织，当一些国家宏观经济出现问题时，这个国际机构可以来帮助这些国家。但是，为了吸引这些国家加入国际货币基金组织，又成立一个国际复兴开发银行，即世界银行（这和我们今天的世界银行是不同的，因为后来的世界银行有了更多组成部分），以便能为更多国家提供资金进行重建。所以在章程里，如果一个国家是世界银行的成员国，那么该国也必须是国际货币基金组织的成员国。成立世界银行实际上是作为一个"诱饵"：只要一国愿意接受宏观监管，那么它就可以获得贷款。70年以后，我们成立了亚洲基础设施投资银行（简称亚投行），成员国必须是世界银行和亚洲开发银行（简称亚开行）的成员，因为他们的成员国同时也是国际货币基金组织的成员。但是，之所以规定亚开行成员也可以参加，主要是考虑到一些特殊情况，以便为个别非主权经济体加入亚投行提供章程上的依据。

当时，代表英国的凯恩斯提出，把布雷顿森林机构设置在伦敦，但是美国不同意。凯恩斯又提议设在纽约，美国还是不同意。最后设在了美国首都华盛顿特区，与美国白宫仅一街之隔：白宫在十六街，世界银行在十八街，国际货币基金组织在十九街。

然后，美国要求按一美元一票的规则设置世界银行的股份，这与当时在同时磋商成立的联合国的一国一票规则是不同的。在一美元一票的规则下，美国实现了成为最大股东、担任行长、总部设在首都华盛顿的三个目标。世界银行成立以后，所有新成立的国际多边机构的最大股东都不能够同时做到这三点，亚投行是唯一的例外。国际货币基金组织自然不能同时让美国直接掌控，于是这个机构就让给了欧洲来掌管。因为世界银行当时的使命是帮助重建，虽然它没有国际货币基金组织的宏观监管影响力，但在重建中的作用和影响力实际上是很大的。

21世纪，中国发起创办亚投行，是发展中国家里唯一有能力可以担当此任的。并且，中国需要有更大的担当。通过努力，在成立亚投行的过程中，中国实现了三大目标：中国是其最大的股东,中国人担任行长,该行总部设在首都北京。

20世纪60年代,亚开行成立的时候,日本何尝不想把总部设在东京。首先,美国开始是不同意成立亚开行的,后来达成妥协,是因为美国支持成立亚开行的条件是美日平起平坐,但日本还是象征性地比美国多一股。亚开行的行长是日本人,但是总部不设在东京。当时,亚开行总部的候选城市菲律宾马尼拉是亚洲地区相当发达的首都城市,还有伊朗的德黑兰也是候选城市之一。最后,菲律宾总统马科斯通过努力,争取大家投票支持菲律宾的马尼拉成为亚开行总部所在地。伊朗一怒之下选择退出亚开行,以后由于政治原因,伊朗再也没有加入。当年苏联也是一怒之下不参加国际货币基金组织和世界银行,过了很多年才重新加入。

历史的重复不是简单的重复,历史可能会以一种新的形式在重复,有的时候甚至看不出历史在重复。其实,我们人类犯的错误是在一遍又一遍地重复前人犯过的错误,要想犯一个原创错误,很不容易。读过《资治通鉴》就会知道,人该犯的错误,其实很早就已经犯过了,以后若再犯错,不过是重复犯那些错误而已。

战后国际经济秩序的三大支柱是国际货币基金、世界银行、《关税及贸易总协定》,关贸总协定后来演变成了世界贸易组织。这三大经济支柱起到的作用是相当大的,因为它们都是遵循国际合作的原则,是按多边主义的原则来建立和运行的,通过协商来解决重大问题。中国是在改革开放以后才参与到国际经济体系当中的，虽然迟到了30多年，但是加入以后，起了很积极的作用，获益良多，并且还在发挥越来越大的作用。中国一再说明，我们无意推翻现有的国际经济秩序，我们同样也是受益者。

但是，这个国际经济体系是在70多年前建立的，当时的情况和现在已经有很大的不同。国际上各个国家之间的经济实力已经发生了变化，形成了新的格局，诉求也不再一样。进入21世纪以来，国际经济秩序改革成了一个重要的话题，很多国家提出了将要面临的挑战：是不是需要改革？能不能改革？应该怎么改革？由谁来改革？所有这些问题都值得我们思考。

第一，对现有的国际机构的一些运行原则，不进行改变行不行？答案是肯定不行。现有的国际经济体系，是以美国、英国和西方发达国家为首制定的，仍是遵循他们所倡导的规则。现在发展中国家的GDP总量已经超过了发达国家，从金融、工业基础、高科技等领域来看，发展中国家的成就已是可圈可点的，所以70年以前建立的制度肯定不再完全适用于今天。

紧接下来的问题是该怎么改？先看发达国家，他们不是没有动力改革，他们在意的问题是改革后的得益者是谁。这个问题确实比较复杂。就像联合国的改革一样，很多国家都认为联合国要改革，安理会要改革，但安理会的成员国并没有就如何改革达成一致。在国际金融机构和多边开发机构里，有一点我认为是要保留的，即一美元一票的规则不能改。如果改了将对发展中国家没有好处，因为发展中国家以前的美元储备少，而现在美元储备多了，改规则就会对发展中国家不利。但在一美元一票规则不变的情况下，发达国家也会有担忧：发展中国家的GDP越来越高，发达国家的GDP相对就低了，发达国家担心自己的发言权会由此削弱。这就好比管理企业时要保护小股东的利益一样，如果不顾及小股东利益，剥夺小股东的权力，最后企业只剩下大股东是不可行的。这是一个到目前为止还没有得到很好解决的问题，所以重塑布雷顿森林机构，就是要解决这类根本的矛盾。

第二，70年后的今天，以美国为主的发达国家和欧洲国家控制国际金融机构的情况并没有得到根本改变。在国际货币基金组织里美国还是大股东，影响力依然很大。国际货币基金组织的总裁历来是欧洲人，所以欧洲也有更大的发言权。日本和美国两国是亚开行的最大股东，在这个亚洲的国际多边机构中，日本人一直担任行长，美国则拥有永久的副行长职位，各个成员国也都只能基本接受。但也有一些国家想要推荐合适的人选去竞争副行长的职位。以我为例，我是去竞争亚开行副行长的中国第一人。2003年我去竞争亚开行副行长的时候，中日关系并不好，但当时亚开行的行长对中国是很友好的，对我也比较了解。在我国政府的大力推荐下，所以最终日本同意了。此后，我们中国人一直在亚开行有一位副行长，由此中国在亚开行的作用也加大了。

第三，如果国际多边机构的治理架构和运行模式不改革，也很难适应新时代的要求。国际机构中的话语权，一直由发达国家掌控，对成员国的政策进行干预，不管主观意愿如何，结果并不一定符合发展中国家的需要,甚至会对发展中国家制定符合自己的发展战略造成严重影响。比如《华盛顿共识》中的每一项条款,看上去都不会有大错,但是,把它们放在一起执行,对发展中国家来说,就是巨大的风险。所以,《华盛顿共识》看上去似乎代表着真理,但是它对很多国家来说,其实并不适用。然而,如果一个国家不接受国际货币基金组织或世界银行的政策导向和要求,就不可能得到他们的资金支持,这显然是有失公允的。

第四,是双重标准的问题。1997年和1998年的亚洲金融危机使印度尼西亚的总统苏哈托下台了。在国际基金组织的压力之下,印尼被迫关掉17家商业银行。有一张经典照片,国际货币基金组织总裁康德苏交叉着双臂抱于胸前,居高临下地斜视着苏哈托在协定上签字。这张照片被广泛传播,给世人展示了一种国际货币基金组织对受援国颐指气使的姿态。但是,2008—2009年美国次贷危机爆发,欧洲和其他地区遭受严重影响,国际基金组织非但没有关闭欧洲受困的银行,还向它们提供资金进行纾困。受援的对象不同,国际货币基金的处理方式则完全不同,很多人都对此提出质疑,国际货币基金组织却声称他们重新审议了政策,所以采取了不同的办法。

2008—2009年金融危机发生以后,国际货币基金组织的独立评议局准备了一份报告,评估金融危机发生之前国际货币基金的表现。我作为独立咨询专家,参与了这份文件的审议。我国在2008年初施行双降政策,认为经济是过热的,所以要压增长、压通胀，但 6 个月后就推出了 4 万亿元进行刺激。这是因为国际货币基金组织在 2007 年的世界经济展望中，对全球的经济预测是很积极的，并没有预示美国的次贷危机和可能引发的全球金融风险。国际货币基金组织的预测是很有分量的，一旦发布了一个玫瑰色的经济展望，很多国家就都被误导了。国际货币基金组织和世界银行的研究报告是具有重大的指导意义和影响力的，如果在这些机构里的管理模式和政策导向不改变，是肯定不行的。

第五，在整个体系难以改变的情况下，地区性、局部性的机制和体系就在不断地建立而成为整个体系的补充。20 世纪 60 年代初，日本为什么决意要成立一个亚开行？因为世界银行不一定能够满足区域国家的要求。其实，日本也是受到了其他地区成立多边机构的动态的启发，如 1959 年泛美开发银行成立，1964 年非洲开发银行成立。1990 年，东欧剧变之后，欧洲诸国发起成立欧洲复兴开发银行，旨在支持俄罗斯和东欧国家向市场经济过渡。1997—1998 年，亚洲金融危机发生之后，东盟和中、日、韩签署了一个区域货币互换的《清迈协议》。2008—2009 年，美国次贷危机引发了欧洲金融危机，使得欧洲决定成立欧洲金融稳定基金和随后的欧洲稳定机制。这样看来，为了解决国际货币基金组织和世界银行这两大全球性机构难以解决所有问题的情况，作为对布雷顿森林机构的补充，各个国家和区域都相继推出各种机构或机制，尝试应对困难和挑战，满足自身的不同需要。

综上所述，推动国际金融体系改革，确有必要。现在，中国终于可以发挥影响力了。有两个事件需要注意：第一，亚投行成立之后，中国在国际货币基金组织中的地位也上升了；第二，2015年人民币"入篮"，在国际货币基金组织的SDR货币"篮子"里，成为该货币"篮子"中除美元、欧元、日元和英镑之外的第五种货币。大家知道，中国在国际货币基金组织中的地位和投票权的提升，人民币"入篮"等问题，一直是有很大的阻力的。亚投行的筹备进展顺利之后，这些问题就逐步得到解决了。

美国当时对我国有很多的猜测、很多的疑问、很大的担心。其担忧的问题有三个。第一个问题，中国发起成立的亚投行，是否会"挖"世界银行的"墙脚"？第二个问题，亚投行是否会专和中资机构合作，推动中资机构"走出去"？第三个问题，亚投行是否是推动中国"一带一路"倡议的工具，或者干脆就是"一带一路"形式的银行？

针对这三个问题，我想做一些说明。第一个问题，亚投行从一开始就致力于发展与世界银行、亚开行和欧洲复兴开发银行等多边金融机构和开发银行的合作，绝不会去"挖"世界银行等金融机构的"墙脚"。事实上，它们彼此之间的合作非常愉快，非常有效。比如，当世界银行对一个国家的贷款达到上限时，亚投行就会对其进行资金补充，并由世界银行继续起主导作用，亚投行进行配合。第二个问题，亚投行愿意与中资企业合作，但是合作的项目取决于借款国的需要，我们不会强迫他们选择和中资机构合作，而是以两厢情愿为原则。亚投行和丝路基金

第五篇

全球金融治理：挑战和开放

合作过，也在和一些中资企业磋商，但是，这都是出于借款国自己的需要而进行的。第三个问题，"一带一路"倡议与我们有共同点，都是推动基础设施建设，加强互联互通，但两者仍有区别。"一带一路"是国际合作平台，按照中国领导人提出的"共商、共建、共享"的原则进行合作；而亚投行是国际多边合作组织，有其自身的治理架构和运行机制，两者是不一样的。

国际上有些国家及其政界人士在早期时候，对我们的疑虑是非常大的，他们认为，成立亚投行，在很大程度上绝不是为了简单地发展基础设施建设，他们很担心亚投行会对现有国际经济体系造成冲击。五年多来，很多问题逐步清晰了，他们对亚投行的国际多边机构的性质有了更多了解，我们的运营环境没有像最初设想的那样艰难，但我们还得小心谨慎，严格遵守国际多边机构的管理原则。中国要在国际经济秩序中发挥重要作用，不是光靠成立一个亚投行能实现的。美国的影响也绝不仅仅因为它是世界银行的控制者才产生的，拥有世界银行，最多只是一种催化剂。更重要的还是要看一个国家能够在国际金融领域里起到多大的作用，这才是问题的关键。

人民币国际化的问题最终取决于中国综合经济实力。有些人会有一些误解，认为中国现在是全球第二经济体了，科技相当发达，在高科技领域，特别是信息技术方面都在世界占领先地位；四大银行的资产加起来，规模巨大，国家开发银行和中国进出口银行在世界各地的资产加起来，超过全世界所有的多边国际开发机构资产加起来的总和……那么，这是不是就可以说明中国在国际经济秩序中可以理所当然地起主导作用了？中国已经拥有很多的话语权了？其实并非如此。

所以下一步，我国在国际金融领域里能发挥什么样的作用，要看央行能否发挥积极作用。随着中国对外贸易和对外投资的增长，要逐步推动人民币的国际结算，进一步加强汇率机制的改革，扩大资本项下的自由兑换。人民币的国际化进程，也需要商业银行、保险公司、证券公司、债券市场和股市等各个方面的综合发展，需要靠我国整个金融系统一起努力。

目前，外国投资者在中国股市和债市总的占比大概为 5%，在我国的银行资产中占 2% 左右。相比之下，外国投资者在美国股市占 35%，债市占 41%，银行资产占 13%，由此可见，美国对外国投资者的政策是高度开放的。在韩国股市，外资占 33%。在印度股市，外资占 16%，也比我国要多。中国的股市、债市全部加起来，所有证券投资占全世界的 1%。在这种情况下，中国要在国际金融领域起到举足轻重的作用，条件仍是不成熟的。关键是要扩大金融部门高水平的开放，开放自然会增强中国的话语权、影响力，但也会带来更大的风险。那么，要在风险可控的前提下进一步扩大开放，这是需要智慧的，不是简单依靠 GDP 多少就可以实现的。

但是我们具备有利的条件。第一，中国经济规模大、体量大就不容易被颠覆，就有回旋的余地。第二，我们现在的管理和应变能力，与以前相比也在提高。在很多情况下，风险是一种预期，我们要控制对风险的预期。对风险进行正确的判断是极为关键的。随着经济的发展和管理水平的提高，我们对经济周期波动的容忍度应该有所提高。没有一定的容忍度，越是急于调整，波动就会越大。无论是经济增长率还是通胀、汇率，都是如此。

举例来说，我们现在外汇储备是多少？三万亿美元？其实不对。用人民币结算的那一部分，就是外汇储备，应该加进去。比如，我们与俄罗斯或伊朗所进行的贸易用人民币结算，就避免了动用美元，而且将来更多的东南亚国家在和我们进行贸易时也会用人民币结算。这部分结算的人民币，也是外汇储备。但不是所有的人民币都是外汇储备，只有积极参与国际贸易结算的那一部分人民币才是外汇储备，应当要加进去。2017年，我国外汇大量流出，当时有个口号叫"保三万亿"，为什么要保三万亿，而不是两万亿？其实，一旦人民币流出到一定程度，在浮动汇率的条件下，流入就有了盈利的空间，只要市场是开放的，外汇就会流入。严格控制流出，使得已经在外签订了投资协定的企业无法兑现承诺，无论是对企业，还是对国家的整体形象、契约精神和公信力，都是有伤害的。只有在极端的情况下，例如1997年的亚洲金融危机，暂时关闭外汇市场才有必要。我认为，在开放金融市场的条件下，宏观上的操作需要有相当的心理承受能力，否则实际效果将适得其反。

所以，对于通货膨胀或者通货紧缩，都需要有一个容忍度。我们的宏观经济调控，要对偏离常态进行和缓的、稳步的、适度的调控。有风浪才能冲浪，在游泳池里不能冲浪，但游泳池里也会淹死人。所以,风险在很多情况下是一种预期,我们要对此有正确的判断。

关于亚投行的治理架构和运作理念,主要有以下几点。

首先,亚投行坚持多边主义,但是,其股权结构不同于其他多边机构。股权分配是以 GDP 为基础计算的,亚投行的股权结构自然就是亚洲发展中国家是其大股东,发达国家和其他地区为其小股东。区域的股权分配是亚洲占 75%,非亚洲占 25%。但亚洲的 75% 并不全是来自发展中国家,非亚洲的 25% 也不全是来自欧洲发达国家,还有拉美和非洲的发展中国家。

其次,亚投行具有广泛的代表性。中国从一开始就诚心诚意地邀请美国、日本和其他发达国家加入。如果只有一些借款的小国加入,先不用说评级问题,整个银行高标准的形象就很难支撑起来。亚投行现在的成员遍及有主权国家的各大洲,除了南极洲,其他洲都有。按 GDP 算,中国是最大股东,股份占 30%,投票权占 26.06%。因为按照国际机构原则,大家要分享一部分免费的投票权,当时为了鼓励各国加入,还增加了创始成员票,所以大国的投票权低于股份,而小国的投票权高于股份,这样有利于增强小国的话语权。按照章程,通过一般的议题,50% 以上赞同即可;重大政策、吸收新成员、选举行长等议题通过,需要 2/3 以上的成员赞同,且得到 3/4 以上的票数才可以。亚投行尽量不用投票的方式通过重大事项,努力争取达成各方意见一致,以维护团结一致,遵循"有事大家商量"的原则。

当然,中国在其中拥有实际否决权,这是根据 GDP 的公式计算出来的,不是中国刻意和强行要求的。对此,其他成员国,特别是印度和欧洲国家,不是没有担忧。但是,欧洲国家和其他发达国家的票数加起来,也可以超过25%,也就同样具有集体的否决权。所以,他们认为这是很好的平衡,由此解决了心头之忧。

亚投行的建立让人深刻体会到,制定游戏规则是多么重要。我国以前一直是遵守别人制定的游戏规则。这一次,是我国和亚洲其他发展中国家在一起制定游戏规则,并邀请欧洲等其他发达国家参与。整个过程,平等协商,体现了不同发展程度和阶段的国家之间的一种新型的合作关系,这是一个创举。

亚投行的业务以亚洲国家为中心,但是,也要顾及域外发展中国家的需求。贷款业务需要扩展到其他地区,因为亚洲不可能独善其身,互联互通不应仅限于亚洲内部。亚投行与世界银行是不一样的,亚投行中的任何成员国都可以向银行借款,没有出资国和受援国之分。亚投行想建立一个真正意义上的国际多边机构,坚持最佳实践,非政治化的,不会将成员国之间的双边矛盾牵扯到多边机构里来。

现在频繁谈到保护环境,应对气候变化,可持续发展。在这个问题上,亚投行在2017年由董事会批准的"能源战略"里并没有排除煤电,只是对提供燃煤电厂项目融资设立了一些较为苛刻的条件。实际上,5年来亚投行从未做过煤电项目或者与煤有关的项目。我在2020年9月的中国国际徽商大会上提出,亚投行不做煤电项目或者与燃煤有关的项目,这引起了很大反响，使亚投行的声誉在国际上，特别是欧洲国家间，大大提高了。今年我在博鳌参加了一个圆桌会议，商务部副部长钱克明在发言中提到"一带一路"的项目，他说有个问题挺纠结的，就是输出煤炭技术。有些国家想要我国帮忙建造煤电厂，但是造煤电厂又有声誉问题，所以感到很纠结。我在发言中介绍，亚投行是不做煤电的，因为亚投行的资金有限，并且要起导向性作用，支持可再生能源和可持续发展。会上我表示，如果中国能够明确宣布"一带一路"不做煤电项目，只支持清洁能源，必将大大提高"一带一路"的声誉。

改革开放后的很长一段时间里，我们中国更多时候是当"学生"，多学习别国经验，而现在也可以当"老师"，给别国的发展提供可借鉴的经验。但是，想要全方位地赶超发达国家，还是有一定距离的。所以，我们还是要一如既往地保持谦虚谨慎，这总是没错的。

最后，又回到最初的话题，经济重心、国际的影响力正逐步从美国转移到中国，或者两国如今已平分秋色。但在中美之间，还是要保持合作。随着中国国力不断壮大，美国最终还得接受中国崛起的现实。我国在与发达国家和很多发展中国家的关系上，要有大国的风范和气度，这是非常重要的。

全球金融大变局及其含义和影响 *

乔依德　上海发展研究基金会副会长兼秘书长

我以 2008 年全球金融危机以来全球金融格局的重大变化为切入口，分析其动因和影响，从而试图解释当前全球治理的本质、特征以及问题。

一、全球金融格局的七个重大变化

第一，各国央行的作用前所未有地增大。其原因是发达国家的非常规货币政策的广泛应用，央行在金融危机中主导了宏观审慎政策。金融危机给我们的教训是，只有微观监管是不够的，还要宏观审慎，这个责任主要是在央行。央行需要更多地参与监管重要的金融机构，比如英格兰银行现在主导了英国"双峰"监管。我国在这方面的发展、完善，从"一行三会"到"一

---

* 2020 年 11 月 21 日，中国国际金融 30 人论坛和对外经济贸易大学联合主办、中国社会科学院世界经济与政治研究所国际金融中心协办"中国国际金融 30 人论坛（第二届）"。本文是乔依德先生在论坛上的发言。

委一行两会",到将金融委办公室设在人民银行,还有最近国家又就修改《中华人民共和国中国人民银行法》公开征求意见等这些来看,央行的责任越来越重大。

第二,发达国家的非常规货币政策呈现长期化的趋势,溢出效应越来越显著和复杂。发达国家的国债收益率越来越低,甚至出现了负利率,全球负利率债务总规模超过了16万亿美元。量化宽松政策对于发展中国家影响很大,美联储一有风吹草动,发展中国家的汇率和资金流动就发生重大变化。

第三,金融监管各国国内趋紧,但国际协调仍差强人意。金融危机以后,人们发现以往的分别监管概念不适应全球混业经营的发展。危机后各国金融监管正在走向综合监管,建立了全球金融安全网。金融科技对各国家和各级金融监管带来了新的挑战。关键是如何保持创新增效和反垄断二者之间的平衡,如何保证公平(比如数字税),如何防范金融风险问题。

第四,全球债务杠杆率上升到前所未有的高度。现在全球总的债务杠杆率已经超过了全球金融危机以前,结构也发生了一些变化。发达经济体的杠杆率稳定,新兴发展中经济体则快速上升。发达经济体的政府债务较高,新兴发展中经济体的企业债务较高。到2020年第一季度,全球整体债务杠杆率与GDP之比达到245%,已超过2008年全球金融危机时的215%。

第五,全球跨境资本流动总量和结构发生了前所未有的变化。总量在全球金融危机后有所收缩。资本流动的结构发生了变化:发达国家的流动量在减少,发展中国家的流动量在增加;

证券投资和银行贷款减少，直接投资先升后降，与这两年的逆全球化有关。

第六，新兴发展中经济体在全球金融体系中的地位前所未有地上升，在金融市场、外汇储备和金融治理中都有上升，特别是我国发起建立了亚投行和金砖银行。

第七，金融科技对国内和国际金融生态的影响前所未见。一是提高了现有金融业态的效益，二是创造了新的金融业态，比如 P2P、移动支付、新型跨境支付等。特别是私人数字货币和中央银行数字货币（CBDC），即将对跨境支付产生重大影响。数字货币会不会改变整个全球金融体系或金融制度？我认为这是比较难的，因为数字货币是物理形态的改变。从历史上来看，一个货币在物理形态上的进化不能改变全球金融体系以及金融制度，过分夸大其影响是不正确的。

二、全球金融格局重大变化的含义

第一，实体经济是全球金融格局变化的原动力。首先是经济全球化，尤其是全球产业链重组，以及各国的外向发展战略。我国在 80 年代采取的出口导向战略现在看来是成功的。其次是全球经济格局变化，发展中国家与发达国家此长彼消。我国 40 年以前出口的主要是农副产品、原材料，进口成套机器设备；而现在出口的主要是制成品，进口农产品、大宗商品以及高端机器设备。再次，技术进步对全球金融格局变化具有很大意义，比如通讯互联网、人工智能、大数据等。

第二，全球金融格局的变化反映了当前国际货币体系的本质、各国经济结构及其在不同发展阶段的特点。国际货币体系现在还是以美元为主导货币。2011年世界银行有一个报告，预计2025年能够出现欧元、美元和亚洲货币三足鼎立的局面。亚洲货币主要是指人民币，但现在看来还为时过早，今后5年美元可能还是处于主导地位。发达经济体为什么政府债务高呢？这与其经济成熟度高、国家福利、选举政治、低利率都有关系，因为要满足选民的要求。而新兴发展中国家因为本国资本市场不发达，所以对融资的需求高。

第三，信用时代各国法定货币的本质是影响金融格局重大变化的基础性原因。为什么各央行的作用越来越大？从历史上来看，这与货币制度的演变密切相关，从以往的金属货币本位到信用货币本位，每个国家央行的作用越来越大。过去一两年里，自媒体有很多文章讲人民币发行靠外汇储备，这个说法是错的。以前没有外汇储备时，人民币也照样发行，人民币靠的就是政府信用，信用货币的发行属于国家主权的内涵之一。

三、全球金融格局重大变化对全球的影响

第一，对全球金融稳定的影响。全球金融体系的脆弱性增加；发达经济体长期实施量化宽松政策造成了资产泡沫；全球债务堆积可能是压垮骆驼的最后一根稻草。

第二，对全球治理的影响。它加快了对美元本位的侵蚀。1971年布雷顿森林体系垮台时，美元负债与GDP的比率是

11%，现在是 196%。美国以前是债权国，现在是债务国，债务占 GDP 的 61%。由此可见，美元虽然还是主导，但是信用还是受到了很大冲击。金融危机使我国对全球金融治理的一些重要制度安排有了新的认识。比如，对于资本账户开放的认识，以往一般认为越开放越好。但在发生金融危机以后，金融界有了新的认识，IMF 也修正了对资本账户开放的看法，认为在一定条件下、一定程度上的资本管制还是有必要的，这也是宏观审慎工具箱的工具之一。对汇率制度的看法也同样如此，并不是越自由浮动越好。现在看来，浮动汇率在一般情况下能起到调节资本流动的作用，但是在危机发生时做不到。特别是有学者提出，是"三元悖论"还是"二元悖论"的问题。所谓"二元悖论"的意思是，要么受美联储货币政策的摆布，要么关起门来不受影响。我认为"二元悖论"有一定的道理。

第三，国际金融机构的领导结构将发生变化。WTO 领导人来自发展中国家，这只是一个起点而不是终点。现在清算银行的总裁是墨西哥央行前行长。在未来 10 年内，IMF 和世界银行由来自发展中国家的代表担任领导是可以预计的。

四、全球金融格局重大变化对我国的影响

我国在金融大变局中，既是参与者，也是施加者和接收者。在亚洲金融危机和 2008 年全球金融危机中，我国涉入的程度较浅。随着我国金融的进一步开放，下一次全球金融危机发生时，我们难以避免地会更深入地涉及其中，受到的负面影响和损失

也就会更大。

我们面临的挑战是如何积极参与各种国际金融规则的制定。例如数据跨境传输是很重要的，我国提出了关于数据安全的倡议，主要是数据在哪个国家产生就应留在哪个国家，比如TikTok（抖音美国版）的数据就留在美国。这是可研究的，既然数据是生产要素，生产要素只有流动才能发挥最大的效益。现在日本与欧洲已经有一个协议，在一定层面上他们的数据是可以互通的。我们可以加强研究这个问题，包括资源产权、交易流通、安全保存等基础制度标准的制定。

我们要积极参与数字货币和数字领域国际规则的标准制定。"十四五"计划提出"稳妥推进数字货币研发"。调子是稳妥，不是大力推进，也不是马上实施，这一点很重要。现在7个发达国家成立了工作组，对CBDC的技术标准进行研究，中国不在其中，但对此要予以关注。

最后我提出一个结论和一个问题。一个结论是：全球金融治理的核心是货币本位和其后的货币制度，这是核心问题。现在的根本缺陷是作为国家主权货币的美元充当了全球储备货币。一个问题是：2008年全球金融危机爆发以后，其他国家特别是欧洲国家的资金购买了大量美国国债，但是新冠肺炎疫情暴发后没有出现这个情况，美国国债大多数由美联储购买了。原因是什么？这个问题是英国伦敦经济政治学院教授海伦·雷伊最近在一篇文章中提出的，我觉得这个问题值得进一步探讨，对我们研究了解全球金融治理结构很有用处。

人民币汇率改革与资本账户开放的新权衡 *

张明　中国社会科学院金融研究所副所长

首先，我想结合今年以来人民币对美元汇率的升值趋势，来讲一下人民币汇改的问题；其次，我想结合最近几年中国国际资本流动的变化，来讲一下资本账户开放的问题；最后，再来讲讲人民币汇率改革与资本账户开放之间应该怎么权衡的问题。

图 5.1 显示了 2019 年 12 月—2020 年 10 月人民币兑美元汇率以及人民币兑 CFETS 篮子汇率指数的波动状况。灰色是人民币兑美元汇率中间价，该指标呈现出先贬后升的变化。黑色是人民币兑 CFETS 篮子汇率指数的变化，这个变化相对复杂。但从 2020 年 8 月以来，人民币汇率呈现"双升"特点，既对美元

---

* 2020 年 11 月 21 日，中国国际金融 30 人论坛和对外经济贸易大学联合主办、中国社会科学院世界经济与政治研究所国际金融中心协办"中国国际金融 30 人论坛（第二届）"。本文是张明先生在研讨会上的发言。

升值，又对CFETS篮子货币升值。2020年8月人民币兑篮子货币汇率指数升得非常快，从91升到96，折成百分比是超过5%的升值。有效汇率显著升值对中国出口的负面影响会比较大。

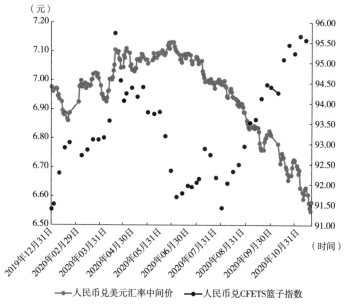

图5.1　2019年12月—2020年10月人民币汇率走势

资料来源：Wind。

为什么人民币兑美元汇率会快速升值呢？无非是两个原因。第一，疫情对中美冲击是错位的，中国政府防控措施比美国得力，所以从2020年第二季度起，中美增长差显著拉大。第二季度中国GDP同比增速是3.2%，美国则接近-10%。增长差的拉大自然也会使中美利差拉大。较大的中美利差吸引大量短期资本流入中国债券市场套利，导致外汇市场上美元供过于求，进而推高人民币兑美元汇率。第二,美元指数在2020年3月一度高达103,现在下跌至91、92。美元指数下行也是人民币兑美元汇率升值的原因之一。

今后人民币兑美元能否继续快速升值,在一定程度上取决于中美利差与中美增长差能否进一步扩大。2020年第三季度中国GDP同比增速是4.9%,而美国GDP同比增速即将转负为正,因此增长差会缩小。明年中美利差是否会继续扩大是个未知数。美国总统拜登上台要防控疫情,也要继续出台扩张性财政政策。现在市场预测美国10年期国债收益率2021年至少会上升到1%以上,而中国10年期国债收益率在3.3%的水平上还能不能继续上升,存在较大疑问。

图5.2是2015年"811"汇改之后的人民币汇率走势。在"811"汇改之后的一段时间内,人民币兑美元汇率面临很强的贬值压力。为了抑制贬值压力,中国央行采取了一系列举措且发挥了很好的效果,但每个举措都有其各自的成本。例如,央行动用外汇储备干预市场,结果外汇储备缩水了1万亿美元。又如,央行收紧了各种资金外流的限制,包括人民币资金外流,结果导致人民币国际化的速度显著放缓。再如,市场传闻中国央行也通过一些方式干预了离岸市场,导致离岸市场不再真正被认为是离岸的。最后,央行反复调整人民币中间价的定价机制。近年来央行在不断重启与暂停逆周期因子的使用,而逆周期因子是一个说不清、道不明的概念,这背后其实反映了央行的干预。

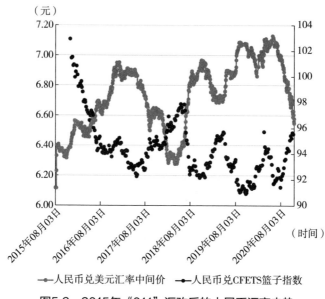

图5.2 2015年"811"汇改后的人民币汇率走势

资料来源：Wind。

现在很多人认为人民币汇率进入了升值新周期，我认为不要轻易下这个结论，因为很多东西还在变化。第一，中美增长差在2020年第二季度达到顶峰，第三季度开始收窄。第二，美元是一种典型的避险货币，也是一种反周期货币，在全球不确定性高企，全球增长低迷的情况下，美元指数即使下行，也不会下降太快，更可能是在波动中下行。第三，当前中国资本管制宽进严出的特点没有改变。近几年中国资本外流的规模是相当大的，而且持续了一定时间。

图5.3是中国年度国际收支数据。白色是经常账户，浅灰色是非储备性质金融账户，深灰色是储备资产，黑色是净误差

和遗漏项。2017年、2018年、2019年的最大特点是非储备性质金融账户余额转负为正，这和资本账户管制收紧有关系。最近两年有意思的趋势是什么呢？是净误差和遗漏项。净误差和遗漏项本来是用来统计误差的，按理说应该在零左右做正态分布。然而事实是，多年以来中国的净误差与遗漏项一直是逆差，且过去5年的平均规模约为2 000亿美元，5年加起来高达1万亿美元。这里面究竟是什么构成，我们说不太清楚。

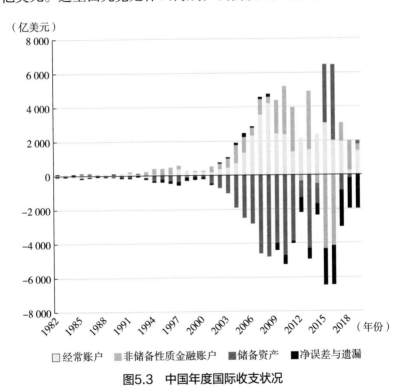

图5.3　中国年度国际收支状况

资料来源：Wind。

2020年第一季度中国国际收支出现了双赤字，即经常账户赤字加上非储备性质金融账户赤字。我们在未来可能会更加频繁地遇到双赤字，而双赤字会使得人民币汇率面临较大的下行压力。

2020年第二、三季度，中国经常账户余额迅猛反弹，这与全球新冠肺炎疫情暴发有很大关系。一方面，全球疫情暴发导致中国医疗、远程办公等板块的出口表现创下历史峰值；另一方面，疫情对中国与全球冲击的不对称性，导致中国企业在全球产业链上的地位至少在短期内不降反升。以上两点在未来很难长期持续。

尽管2020年受中美利差影响，证券投资项下出现大量短期资本流入。但根据第三季度的数据，非储备性质金融账户与净误差和遗漏项之和仍然接近 –1 000 亿美元。所以表面上看证券市场有很大规模的短期资本流入，但地下渠道的资本流出仍然是非常显著的。

结合以上分析，我想讨论一下在当前形势下中国政府是否应加快资本账户开放。在2013年前后，国内曾经出现过一轮相关讨论，当时我们站在反方，认为资本账户加快开放应谨慎。今年国内又出现了类似的讨论，我们依然认为资本账户加快开放要谨慎。

我这里列出7年前和7年后我们反对资本账户过快开放的理由：第一，人民币贬值压力并没有根本出清，现在的资本管制结构依然是宽进严出；第二，美国总统拜登上台使中美贸易摩擦可能以新的方式继续演进，并且不能排除加剧的可能性；第三，中国国内系统性金融风险没有得到根本消除，在疫情之后还有新的发展，最近河南永煤债券违约事件引发了债券市场对国企债和地方融资平台债安全性的重新考量；第四，在非正规渠道下，资本依然有很强的流出压力。

最后总结一下我的几点结论。

第一，人民币汇率形成机制改革进入了新的时间窗口。从历史上看，在本币有升值压力的情况下，是推进人民币汇率改革的适宜时机。在逆周期调节因子淡出后，应进一步提高市场供求对人民币兑美元汇率中间价的影响力，实现人民币兑美元汇率的双向波动。

第二，短期内人民币面临升值压力，但目前主要是周期性因素在推动人民币升值，因此升值的可持续性较弱。

第三，考虑到目前国际环境依然错综复杂，国内增长动能依然较弱，系统性风险还没有得到根本性控制，当前中国可以按部就班地继续渐进开放资本账户，但不要贸然过快地开放资本账户。

第四，如果中国未来真的爆发系统性金融风险，有可能是外部力量驱动的，并且可能发生汇率贬值预期和资本外流之间的相互叠加与相互强化。我们要努力避免这一恶性循环的发生。因此，在人民币汇改和资本账户开放之间存在着一定程度的权衡，即如果人民币汇率形成机制的改革没有完成，那么资本账户开放就应该审慎渐进，资本账户的全面开放应晚于汇率形成机制的充分市场化。

新形势下中国跨境资本流动现状与展望*

孙明春　海通国际首席经济学家

本文主要探讨新形势下中国跨境资本流动的前景。

跨境资本流动是标准的外循环。外循环的深化、扩展依赖于内循环的坚实基础，我可以用一些数据向大家展示这一点。

首先是新形势，当前最严重的一件事可能还是新冠肺炎疫情。面对疫情，我国政府采取了积极有效的防疫措施，使疫情在我国得到了很好的控制，即便如此，新冠疫情还是使世界各国的交往受到了影响，全球经济形势也更加严峻。

如表5.1所示，全球2020年第二季度只有一个国家实现了正增长，那就是中国。按照国际货币基金组织的预测，2020年全球

---

* 2020年11月5日，上海发展研究基金会主办、上海浦东发展银行支持举办"第三届进博会配套活动国际金融论坛：金融服务助推构建'双循环'新格局"。本文是孙明春先生在论坛上的发言。

唯一能够实现正增长的只有中国。IMF预测到2021年年底的时候，全球十大经济体里除了中国以外，大部分还回不到2019年的水平。这是在最近这一轮欧洲封城之前的预测，虽然第三季度绝大部分国家都实现了正增长，但很有可能第四季度一些重要的欧美国家经济还会进入负增长，所以经济形势仍然非常不好。

2020年全球金融市场剧烈波动，图5.4是2020年前10个月全球各类资产的表现。人民币的资产，包括人民币的股价、国债、汇率以及信用债，都是正的。其他国家的情况就不一定了，涨跌都有，总之波动非常大，而人民币各类资产的表现都相当好。

表5.1 全球前十大经济体除中国外，全部陷入衰退

排名	国家	2020年第一季度实际GDP增长率（%）	2020年第二季度实际GDP增长率（%）	备注	2020年全年实际GDP增长率预测（IMF）（%）	2021年全年实际GDP增长率预测（IMF）（%）
1	美国	-4.8	-32.9	环比折年率	-4.3	3.1
2	中国	-6.8	3.2	年同比	1.9	8.2
3	日本	-2.2	-2.2	环比折年率	-5.3	2.3
4	德国	-2.2	-10.1	环比	-6.0	4.2
5	英国	-2.0	-20.4	环比	-9.8	5.9
6	印度	3.1	-23.9	年同比	-10.3	8.8
7	法国	-5.3	-13.8	环比	-9.8	6.0
8	意大利	-5.3	-12.8	环比	-10.6	5.2
9	巴西	-0.3	-11.4	年同比	-5.8	2.8
10	加拿大	-8.2	-38.7	环比折年率	-7.1	5.2

资料来源：彭博，IMF，海通国际。

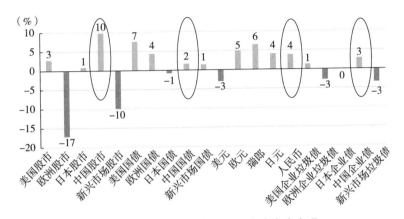

图5.4 2020年前10个月全球大类资产表现

资料来源:彭博,海通国际。

在全球金融市场剧烈波动的情况下,全球投资者,包括中国自己的投资者,都对中国经济、中国金融体系有极大的信心。从图 5.5 国际收支(BOP)口径下的数据来看,虽然 2020 年发生了这么大的金融市场的波动,但我国的净流入还是增加的,这个情况与 2008 年不一样,说明国际投资者对中国的信心没有受到影响。

图 5.6 显示,中国的资产方净流出是负的,意味着在全球金融市场动荡之后我们对外的金融投资也没有减少,而是在继续增加。这与 2008 年也不一样,2008 年经济情况不好时,对外金融投资便减少了。这里也有监管部门的功劳,监管部门没有禁止对外投资,企业界、金融部门仍在坚持对外投资。这两方面告诉我们,在疫情冲击下,无论是国外投资者对中国,还是我国自己的投资者对外投资,都还是充满了信心。

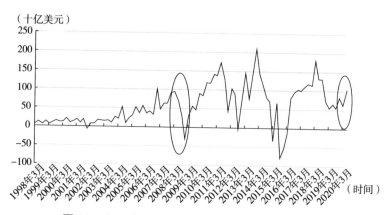

图5.5 国际收支口径下中国金融账户负债方净流入

资料来源：国家外汇管理局，海通国际。

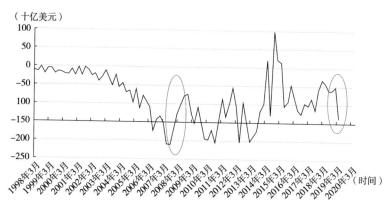

图5.6 国际收支口径下中国金融账户资产方净流出

资料来源：国家外汇管理局，海通国际。

在过去接近半年的时间里，人民币一直在升值，为什么在这种情况下还能升值呢？因为我国有坚实的基本面，1994年改革以后，我国保持了连续25年的经常项目顺差，这可能仅次于日本，日本过去40年有38年是顺差。美国过去40年有38年是逆差。我国有坚实的基本面,所以大家对中国有信心。同时中国的疫情防控做得非常好,复产复工非常顺利,我国的 GDP 已经连续两个季度正增长,这在全世界是罕见的,这种情况下大家对经济增长的信心没有受到影响。监管部门从 2019 年开始,一直在加速金融对外开放,没有受到疫情影响。

还有我们内循环的基础——国民储蓄率高,45% 的储蓄率在全球范围内都是最高的。老百姓的积蓄比较丰厚,仅储蓄存款现金类资产这一项,就超过了 90 万亿元人民币,接近于 GDP 的 100%,意义十分重大。因为有这样的存底,所以比较容易渡过疫情这个难关。

我国的政府财政也是全球最健康的财政之一。按我国官方的数据显示,我国国债占 GDP 的比例是 51%,即便把地方政府的隐性债务加进来也只有 80% 左右,是相对比较健康的。我国政府与欧美国家的政府有质的区别,我们是社会主义国家,国有资本达到 100 万亿元人民币,相当于 GDP 的 100%。如果财政需要资金的话,我国有很多可以变现的资产。最近证监会、发改委建立了公募的基础设施,都可以用来上市,这些对于解决财政困难非常有帮助。当然我国的外汇储备量居世界第一,有 3.1 万亿美元,对于稳定公众对人民币汇率的信心很有帮助。

政府也很有远见,在 2016 年年底就开始降杠杆、防风险,杠杆率在过去 4 年里稳定下来了,提前释放了很大风险。当我们需要提高杠杆率时,就会有底气,所以现在我国的货币政策有更大的潜力。

另外一个指标是超额流动性指标，即 M2 增长率减去名义GDP 的增长率。在过去 3 年中，该指标呈现出两年负增长，一年略微正增长。换句话说，过去 3 年整体货币政策是偏紧的，所以如果现在想放松的话，空间是很大的。无论是存款准备金率、贷款利率，还是存款利率，我们要想调整确实都有空间，但是为什么我们不调呢？我们其实也调整了，M2 从过去两年 7%—8% 的水平，上升到 11%—12%，上了一个台阶，但是这与 2008 年 4 万亿元的经济刺激政策相比不是一个级别的。这个时候我们为什么要这样做呢？首先，我们认识到疫情暴发的冲击可能不是一两年就会消失的，其影响可能是深远的，因此我们不必急于采取行动。其次，我们的社会基础较好，不必大惊小怪。美国、欧洲都在无限制扩张货币，实际上有很多公众都在为此担心。而我国采取的是比较保守的货币政策，对于提高对人民币的信心很有帮助，这也是 2020 年以来人民币"一枝独秀"的原因。央行没有大规模放水，这对持续维持对外循环是非常有帮助的。

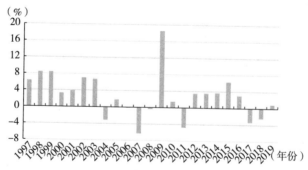

图5.7　超额流动性指标（M2增长率减名义GDP增长率）

资料来源：CEIC，海通国际。

我国的国债收益率是比较高的，比美国十年期国债收益率多 230 多个基点，这对国际投资者是很有吸引力的。所以我们看到债券流通了以后，这两年大量的资金被投入中国的国债市场。在这么复杂的环境下，跨境资本之所以能够有序、可持续流动，其实是基于我国国内经济金融体系的稳健性。

当然我国也面临风险和挑战，包括国内宏观经济大幅度波动的风险、金融体系受到外部冲击的风险等。总之，我们在保持信心的同时，也要看到风险。

为什么内循环对外循环的深化和拓展非常有意义？众所周知，到 2030 年我国 GDP 的体量就能与美国一样了，到时或将成为世界第一大经济体，那时我国经济能够承受的跨境资本流动的体量更大，能够吸收的容量更大。现在我国股票市场市值是美国的 40% 左右，这些年也涨了很多，我国基本上是世界第二大股票市场了。我国的科技虽然跟美国相比有些距离，但是涨势喜人。随着我国资本市场的体量进一步扩大，资本市场将会容纳更多的资本流动，我们的能力也会更强，这也是依托于内循环的。随着人民币国际化的推进，很多跨境资本是以人民币的形式流动，这也是我们内循环引导外循环的一个表现。

总之，我们可以看到疫情冲击下我国的外循环依然活跃有序，有稳健的经济基本面，这是我国应对多变的国际资本流动的压舱石，经济长期可持续发展有助于跨境资本的有序流动。我国金融开放的广度拓宽和层次提升，也会使资本流动的形式更加丰富。我们一直强调的深化国内经济体制改革、资本市场改革，会进一步增强我国市场对国际资本的吸引力。同时我国经济体量的扩大和资本市场体量的扩大也将增强国内经济和金融体系承受跨境资本流动冲击的能力。跨境资本流动更多会以人民币的形式来进行。总体来讲，资本流动的有序外循环会进一步扩大拓展双循环发展的广度和深度。

以平常心看待美联储货币互换计划 *

乔依德　上海发展研究基金会副会长兼秘书长

新冠肺炎疫情暴发时，美联储迅速地运用多种工具推出了量化宽松政策，向市场提供了大量的流动性。由于美元的地位，这样一种量化宽松计划无疑会或多或少地影响到各个国家的经济。在这些工具当中，人们注意到有两项是直接与国外有关的。

一项是美联储推出国外央行回购计划（FIMA Repo Facility），即允许国外央行用所持有的美国国债抵押给美联储，从而取得美元现金。另外一项计划是美联储宣布数额为5 000亿美元的、与若干央行的货币互换计划，即美元流动性互换计划。关于FIMA，国内开始有一种错误的言论，认为是中国的外汇储备被冻结了。对此，有专家发文进行了批驳和澄清，指出这个计划是自愿的，实际上是为了给全球市场提供流动性。

---

* 该文的部分内容发表在《第一财经》网站（2020年5月19日"乔依德：美联储货币互换计划未包含中国并无实际冲击"）。

2020年3月19日，美联储与澳大利亚、巴西、韩国、墨西哥、新加坡、瑞典、丹麦、挪威和新西兰等9个国家的中央银行建立了临时的美元流动性互换安排，总计4 500亿美元。3月20日，美联储提高了与原先已经存在的5家发达国家央行的货币互换频率（加拿大、英国、日本、欧洲、瑞士）。关于美联储货币互换计划，国内有一些批评，认为这是一个金融"去中国化"的倾向，在国际金融领域排斥人民币、排斥中国的同盟正在形成。而这种批评是否正确？是否能够成立？

这就需要了解货币互换究竟是怎么回事以及它的机理是什么。在商业机构之间一直存在着利率互换或者货币互换的金融工具，央行货币互换原理与其相同，但内容不同，即主要是以主权国家的法定货币来进行互换。举例而言，例如A国要与B国进行互换，双方可以约定数额和期限。A国按照约定，提供一定数量本国货币给B国，B国按照当时的汇率将同样金额的本国货币给A国。期限到了，A国拿回自己的货币，B国取回自己的货币同时支付给A国一定的利息。这就是一个基本的原理。从金融的角度看，这就是一个借贷行为，而且常常是一个短期借贷行为，货币互换计划本身类似于银行给企业额度，是备用的。所以，从国际金融的角度来看，它并非国际货币体系必不可少的组成部分。

美联储跟其他国家的货币互换也并非自今日始，20世纪60年代就已经有了，但那个时候的货币互换是其他西方国家为了维护美元的地位、支持美元进行的。布雷顿森林体系崩溃以后，

第五篇

全球金融治理：挑战和开放

美元成为全球的储备货币，货币互换已经成为美联储给其他国家提供流动性的一种重要方式。引起人们关注的是2008—2009年全球金融危机时，美联储与和现在完全相同的全球14大央行先后进行了双边的货币互换。2013年，美联储又与其中五大央行（欧洲、英国、日本、瑞士和加拿大）缔结了无限量备用的多边互换协议。此次新冠肺炎疫情暴发以后，出于同样的考虑，为了维护全球美元流动性稳定，美联储再次提出了货币互换计划。目前为止，货币互换计划执行的情况大体为：已使用4 450亿美元，其中日本央行是最大的货币互换方，用了2 200亿美元，接近50%的份额；欧洲央行用了1 430亿美元，占32%的份额。当然也有如加拿大、巴西、新西兰、瑞典在内的一些国家央行没有使用该计划，这次货币互换计划的期限为7天或84天，很明显这仅是一个短期融资计划。

美联储认为，其货币互换机制能给其他国家提供流动性，起到了稳定全球金融的作用。当然人们可能要问美联储这样一种安排会不会替代IMF的作用？实际上不会。IMF同样也为其他成员国提供各种援助，但是由于其国际组织的属性，各种审批的程序比较繁复，特别在危机或紧急的情况下，在时间上会有所延迟。而美联储的这样一种货币互换计划不仅可以提供援助还会起到稳定全球金融体系的作用，这与IMF发挥的作用并不互相排斥，而是可以互相补充的。与美联储进行了货币互换的国家就不再需要IMF提供流动性，从而IMF的资源就可以用于其他的发展中国家。特别是发展中国家。2008年全球金融危机后，G20下的金融框架工作小组提出了建立全球金融安全网的建议，这个网络由四部分组成：一是各国自己的外汇储备，二是各国货币互换，三是地区金融安排，四是以IMF为核心的多边救助。这个建议和概念得到了G20的同意。所以，货币互换并非什么出格的异端行为，而是得到国际社会认可的一个正常的金融计划。我国也曾与38个国家和地区进行了货币互换，总金额达3.67万亿元人民币，目的是为合作伙伴提供人民币流动性，推动人民币国际化。

人民币未加入美联储货币互换计划会不会影响我们的正常对外经济活动？我国的美元流动性是否会不足？答案当然是否定的，原因是我国的国际收支一直保持平衡，在大多数年份我们的贸易还有顺差。此外，我国的对外净资产有大约2万亿美元，外汇储备有3万亿美元，拥有美国国库券1万多亿美元，以上这些足以让我国保持充分的美元流动性。而且，这次疫情暴发的时候就出现了人们常说的"突然停止的行为"（sudden stop），很多发展中国家流入资金停止，出现了大规模的流出资金，在三月大约流出了1 000亿美元。而我国并没有出现这样的情况，我们的汇率和资本进出都比较稳定，因此无论是在平时还是在当前疫情时期，我国的美元流动性都是充足的。

对于美联储货币互换计划，国内的批评也并非始于现在，早在10年以前就已经有所批评，认为这是在排斥人民币。但在金融危机以来的10年当中，美联储的货币互换计划并没有影响人民币的地位，人民币地位反而有所上升。在IMF份额的调整中，我们所占的份额是有所上升的，且在 2015 年，人民币又被纳入 SDR 货币篮子。这个客观事实说明货币互换计划虽然会起到巩固美元的地位，但并不意味着这是一个零和博弈，即并不意味着人民币一定会受到伤害。所以，无论是从美联储货币互换的原理、目的或是实际结果来看，该计划的作用都不应该被夸大，更不应该被"政治化"，不应该认为这是金融"去中国化"、是排斥人民币的同盟。

总之，我们要以一个平常心来看待美联储的货币互换计划，把它作为一个在国际金融当中发生的正常现象，而不要另外做过度的引申。在当前复杂的地缘政治环境中，底线思维是必要的，但这种思维必须建立在准确理解各种现象之上，后者与前者同样重要。否则，建立在错误判断上的决策，其后果可想而知。

第六篇

重建世界经济：

困境和途径

重建全球经济：有或没有中国或美国*

亚当·珀森　彼得森国际经济研究所所长

在过去将近70年中，全球经济在发展，而且处于一体化的进程之中，整个世界因此而变得更加繁荣与亲近。但是在过去的10年到15年中，全球一体化趋势在发生逆转，尤其是最近几年更是如此。我们现在还面临一些影响人类生存的威胁，包括疫情、气候变化、技术增速放缓、大规模杀伤性武器等。以上的这些问题很大程度上是能够通过全球国际合作以及经济领域的合作来共同解决的。我们在重塑世界的时候，需要评估目前的经济结构和商业结构、以后会发生什么样的改变、现有的哪些方面可能不再适合新形势。

---

* 2020年12月4日，上海发展研究基金会和德国艾伯特基金会联合举办"2020上海全球金融论坛：疫情冲击下的全球经济和金融——影响、含义和必要的调整"国际研讨会。本文是亚当·珀森（Adam Posen）先生在研讨会上的发言。

一、经济长期停滞导致的政策变化

当前状况的一个根本问题在于,大约从 15 年前起,全球的经济结构就已经出现了一个基本面的转变,有些人把这称作"长期停滞",但是并没有人真正对它下一个定义。自 2004 年起,全球的贸易和投资在高收入国家开始下滑,一个原因是投资者的风险偏好在发生变化,各方觉得共同利益在减少;同时,技术增速在过去 15 年中也有所放缓。这并不是所谓的"中等收入陷阱",因为发达经济体的经济增速也在大幅度下滑,这些事实对财政政策和货币政策产生了切实的影响。现在对于央行而言,升息是非常困难的,提高投资需求也是非常困难的,从而没有办法防止通货紧缩,也没有办法防止流动性紧缩,这是一种不对称的博弈,央行可以用的工具非常有限。

经济长期停滞也影响了人们的思想,在政策方面很多学者的思维方式更加倾向于"大政府"。在此之前,我们都认为国家干预太多会不利于经济增长,但最近我们反复看到,如果国家对经济的干预度不够的话,也会对经济的发展产生不利的影响;对反垄断方面的监管不够或对经济的扶持不够的话,也都会产生负面影响。所以更需要关注也很难解决的一个问题是,国家对经济的干预程度应该是多少。

二、扩张性财政政策是一个解决方案

日本从 2012 年 12 月开始采用了一些扩张性的财政政策,包括调整日本的经济结构、调整日本的劳动力市场结构、刺激投资及通过法规的调整来扩大国内的需求和推动经济的发展,日本可以说是一个非常正面的榜样。扩张性的财政政策其实是可以持续一段时间,从而对经济产生影响的,我们不应该把太多的目光放在债务水平上,而是要看投资需求是否能得到刺激。根据我们的研究以及在日本、比利时、意大利、阿根廷所搜集的一些实证发现,公共债务水平对经济稳定性的影响并不像大家所想象的那么大。几年前有人提出,90%的债务比例是一个不能超过的红线,但事实证明并非如此。我们更需要关注私营部门的债务,还有公共资金的利用,我在中国的同仁们都非常担忧资金被滥用的问题,至少在公共债务领域的确有这样的可能性。

在更广泛的背景下探索扩张性政策的影响及意义,非对称的应对政策、防御性的货币政策、激进性的财政政策的结合是我们现在必须要正视的一种解决方案。现在美国、欧洲,还有很多国家开始采取一些扩张性的财政政策,虽然这些政策并不是完全理想的,但至少向着一个共同的目标。与此同时,我们还需要研究这种扩张性的财政政策可以持续多久,中国现在财政需要更多的激励,因此需要采取较大力度的财政措施,也许要比目前公布的力度更大,在加大了开支的同时增加提供健康、卫生、保健这类福利,可以增强中国经济和中国整个国家的抗冲击能力。

但较大力度的财政措施是否会带来泡沫?坦率地说,这些实际上是次要的甚至是第三层级的风险。这些措施会引发一些通胀，但是通过增加工资引发通胀的这种风险终究也是次要的，我们现在需要更大的政治意志来促进直接消费需求。实际上现在全球范围内的通胀还是不大的，半年甚至一年之后，疫苗若能够充分地发挥作用，我预测通胀不会很高，可能只是现在预期的一半。美联储在2020年8月底已经宣布要改变政策，将会更多地从原来的防通货膨胀策略变成刺激劳动市场的策略，这对于其他中央银行也是有益的启示。实际上在新冠肺炎疫情之前，日本、德国、美国失业率都是非常低的，同时劳动参与率很高，这就告诉我们在进行经济结构调整时，政策并非无能为力。

三、疫情的影响和未来的复苏

我们现在面临的问题是，新冠肺炎疫情造成的影响可能会使全球的经济出现停滞，毫无疑问世界各地普通家庭的储蓄都会受到影响，在新冠前几个月更是这样。在各地，危机均对人们的福利造成了影响。现在因为新冠肺炎疫情，大家的消费、交通旅行都减少了，所以有一些国家显示储蓄上升了。现在很重要的是普通家庭如何在这样的危机中挺过来？现在的年轻人不愿意购买房屋，不愿意移动，这会对经济产生一定的作用。我们还会看到一些新的资源分配，寡头垄断或寡头主导在很多行业中的势力可能会上升，比如阿里巴巴、亚马逊会做得更大，这是由于一些小企业在遭受困难。人们的风险偏好降低，因此将影响世界经济未来增长的潜力。我们看到有一些国家对新冠肺炎疫情的控制比较成功，而另外一些国家不大成功，比如东亚国家尤其是中国在这方面做得不错，但是欧洲、美国做得就差一些，这之间会有一些差距。很多新兴经济体国家，尤其是像印度这样的国家，现在的疫情还非常严重。面对疫情冲击，在财政和货币政策的刺激下，各国经济还是会尽可能维持稳定，这是一个好消息。

靠疫苗的支持，为经济的恢复起到助推作用。我还是要强调一下，由于新冠肺炎疫情持续，人们生命财产的损失可能还会延续，但是我相信在不久的将来经济会逐步复苏。我想中国会比美国或其他经济体的复苏幅度更大，而且会持续一段时间，这意味着美国和中国在收入方面的差距可能会缩小。对于美国来说，也要看它是否真的会拿出财政刺激政策，但是无论如何如何，复苏总是要来的，长期来说欧洲的复苏也是会来到的。我们现在要考虑的是，世界市场是否可以开放，特别是能否会因为疫苗的出现而开放，这对于重建世界经济是非常重要的。希望在这点上，各国能够展现合作精神，中国和美国之间也能够携手，在疫苗方面进行合作。

四、中美关系问题

美国占据了世界霸权的地位，行为也是比较傲慢的，但是美国还是推动了中国经济融入世界经济。现在大家也在重新审视美国的行为，我们也在不断地努力，希望能够改变美国的一些不好的行为。但是我们必须正视一个事实：大部分人，至少美国的很多人，并没有一个共同的认知。比如从美国大选可以看到，只有近51%的美国人选择了拜登。

拜登上台是否会对中美关系有好的影响？我想并不会那么好，在这方面我们还是要冷静一点儿。目前在中美之间的有些分歧涉及一些原则问题，但是在其他问题上可能会有更好的合作。尤其是在气候变暖、网络安全方面，我觉得可能会有一些技术性的合作，就像奥巴马时代的双赢合作。在经济方面，可能双方需要谈判来实现进一步的合作。特朗普仅仅看到贸易问题，但是我觉得拜登可能正好相反，他可能会更宏观地看这些问题，包括原则问题，与此同时也愿意对合作持开放态度，经济贸易的重要性可能会下降，所以会有一种既冲突又合作的状态。

五、疫情中的国际合作

在2020年三四月份的时候，包括中国人民银行和美联储之间的各国央行就流动性问题，特别是美元的充裕度等问题有过合作，并在一定程度上抵御了相关的风险，但遗憾的是该次多边合作未能持续。我们是否可以回到以往的多边合作轨道？坦率地说，我不知道是否存在这种可能。在2020年G20峰会上，各国并没有很好的合作精神，唯一的可能就是对于疫苗的分享和对于最不发达国家的债务减免或停止支付的问题上可能存在一些合作，但是这对于未来的世界经济是远远不够的。

六、美元地位的下滑

从夏天开始一直到现在，美国联邦政府为应对危机推出了一系列应急措施和项目。美国政府显然对疫情管理不善,很多评级机构已经调高对美国的风险评级,而拜登政府和国会可能会对中国、伊朗、委内瑞拉等国家实施单边制裁措施,这也使人们不愿意继续买入美元资产。在跨国融资、跨国贸易以及很多的金融业务中,美元地位的确是在下滑。不管之前机构对欧元有什么样的看法、对欧元区分裂的风险有什么样的判断、对欧元的价格有怎样的评估,现在相对美元而言,欧元反而更加有吸引力。过去几年由于欧元区的危机,欧元持续在贬值,很多机构选择离开欧元或者选择其他的避险方式,但是最近我们看到欧元更坚挺了。未来一两年,美元总体的权重会下滑,欧元的占比或份额会增加,但这并不意味着人民币会从中获取很大的利益,因为很多境外的机构或个人投资者都觉得人民币还不够安全。

全球经济的复苏与转型 *

史蒂文·巴奈特　IMF 驻华首席代表

自 2003 年以来,我就断断续续地研究中国相关问题。接下来我会给大家看一些图表,先让大家了解一些大的观点。

图 6.1 显示了自大萧条以来最大程度的经济下跌。世界各国都采取了很多政策来防止最坏的状况,有一个观点是,经济复苏也是重塑我们未来世界经济的时机,正所谓"危中有机"。

图 6.2 的折线图中,虚线是 2019 年 10 月的预测,实线是 2020 年 10 月的预测。可以看到现在的 GDP 增长是 0,形势非常严峻,并且两根线之间相差了 6 个百分点,这让我们直观地看到疫情带来的重大影响。

---

* 2020 年 12 月 4 日,上海发展研究基金会和德国艾伯特基金会联合举办"2020 上海全球金融论坛:疫情冲击下的全球经济和金融——影响、含义和必要的调整"国际研讨会。本文是史蒂文·巴奈特(Steven Barnett)先生在研讨会上的发言。

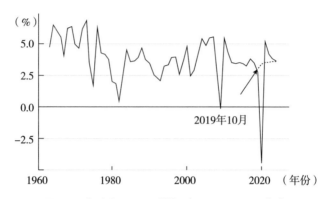

图6.1　全球实际GDP增长（1963—2024年）

资料来源：《世界经济展望》，2020年10月，2019年10月。

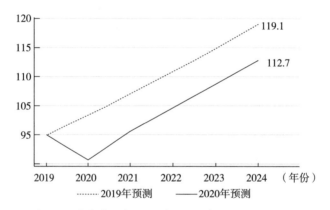

注：以2019年GDP为基准，令2019年GDP为100。

图6.2　全球实际GDP水平（2019—2024年）

资料来源：《世界经济展望》，2020年10月，2020年11月。

图6.3展示了2020年上半年疫情对不同行业产生的不同影响。由图可以看出，餐饮业、旅游业等行业由于独特的性质而受到了更大的冲击。

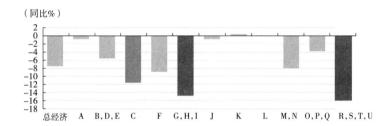

注：1. 行业部门分类依据《国际标准产业分类》ISIC 第 4 版。A= 农业、林业和渔业；B= 采矿和采石；C= 制造业；D= 电、煤气、蒸气和空调供应；E= 供水污水处理、废物管理和补救活动；F= 建筑业；G= 批发和零售贸易、机动车和摩托车的修理；H= 运输和储存；I= 食宿服务活动；J= 信息和通讯；K= 金融和保险活动；L= 房地产活动；M= 专业和科技活动；N= 行政和支助服务活动；O= 公共行政和国防、强制性社会保障；P= 教育；Q= 人体健康和社会工作活动；R= 艺术、娱乐和文娱活动；S= 其他服务活动；T= 家庭作为雇主的活动、家庭自用、未加区分的生产货物及服务的活动；U= 域外组织和机构的活动；2. 不包括日本的数据，因为缺少行业部门信息；3. 由于缺少 2020 年第二季度的数据，美国使用了 2020 年第一季度的同比增长。

图 6.3 2020 年各行业平均增值增长

资料来源：EU KLEMS 数据库，经济合作与发展组织，美国经济分析局，国际货币基金组织研究员计算。

在图 6.4 中，可以看出关于 GDP 增长的预测在不断地调整，一般每季度预测一次，一年四次。2020 年 1 月，我们预测全球 GDP 会增长 3.2%，到 4 月的时候预测 GDP 会下降 3.3%，6 月的时候我们预测 GDP 会下降 5.2%，现在结合 4 月以来的总体情况，我们把它调整到了下降 4.4%，虽然有所好转，但还是偏低。

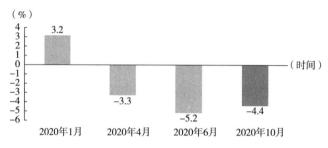

图6.4　2020年全球实际GDP增长预测

资料来源：IMF，《世界经济展望》。

图6.5中，通过对2020年4月、6月、10月全球不同经济体GDP增长预测的对比可以看出，复苏在不同经济体中表现的幅度是不一样的。对于发达经济体来说，GDP下降的预测值由8.1%降低到5.8%，而对于那些比较差的新兴经济体及发展中国家来说，GDP预测反而下降得更严重。当然中国是一个特例，现在是正增长的。可以看到对于发达国家来说，现在的预测好转一点儿，对于发展中国家则是转差，而中国是最好的，实现了越来越高的增长。

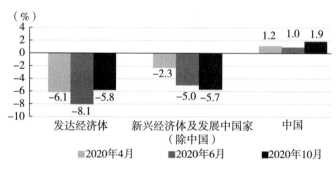

图6.5　2020年全球不同经济体的GDP增长预测

资料来源：IMF，《世界经济展望》。

第六篇
重建世界经济：困境和途径

从表6.1与表6.2可以看出，我们对不同经济体的GDP增速预测是不一样的。下面的数字是2021年的预测值，我们曾经预测2021年会有比较快的反弹，并且在2020年6月做了一些调整，我们认为美国GDP可能也会上升，达到-3.7%。表6.1是对于发达经济体的GDP增速预测。表6.2展示的是新兴市场，与我前面说的有一些不同，但整体趋势是差不多的。比如除中国以外，这里面变化最大的就是印度：我们曾经在10月预测印度的GDP会降10%，现在调整到降5%多一点儿。如果是按照买卖权平价关系来说也会有很大的下跌。

表6.1 发达经济体的GDP增速预测值及调整值（%）

项目	全球	发达经济体	美国	欧元区	日本	英国	加拿大	韩国	其他国家
2020年	-4.4	-5.8	-4.3	-8.3	-5.3	-9.8	-7.1	-1.9	-3.5
调整值	0.8	2.3	-3.7	1.9	0.5	0.4	1.3	0.2	1.5
2021年	5.2	3.9	3.1	5.2	2.3	5.9	5.2	2.9	3.5
调整值	-0.2	0.9	-1.4	-0.8	-0.1	-0.4	0.3	-0.1	-0.6

资料来源：IMF，《世界经济展望》，2020年10月。

表6.2 新兴经济体及低收入国家的GDP增速预测值及调整值（%）

项目	全球	新兴经济体和发展中国家	同左（除中国）	中国	印度	巴西	俄罗斯	大宗商品出口经济体	低收入发展中国家
2020年	-4.4	-3.3	-5.7	1.9	-10.3	-5.8	-4.1	-5.1	-1.2
调整值	0.8	-0.2	-0.7	0.9	-5.8	-3.3	2.5	0.8	-0.2
2021年	5.2	6.0	5.0	8.2	8.8	2.8	2.5	3.9	4.9
调整值	-0.2	0.2	0.3	0.0	2.8	-0.8	-1.3	-0.5	-0.3

资料来源：IMF，《世界经济展望》，2020年10月。

现在，我们可以看一下中国的情况。从图 6.6 我们可以看到这种迅速复苏的增长线是只有中国才有的，虽然增长速度快，但是实际上中国的需求也明显受到了影响。图 6.7 上方的线是 2019 年 10 月的 GDP 增速预测线，下面的是 2020 年 10 月 GDP 增速预测线。2020 年中国的 GDP 比我们在 2019 年预期的低了 2.2 个百分点，中国的 GDP 虽然回到了原来的增长轨道，但是这个水平也降低了。即便如此，与其他国家相比，中国的复苏可以说更快，而且幅度更大，实际 GDP 增长还是良好的。如果回顾 2009 年，中国当时的增长是 9%，跟 2008 年的增长差不多，当时并没有受到太大的影响。

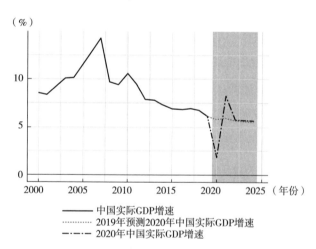

图6.6　中国实际GDP增速预测（2000—2024年）

资料来源：IMF，《世界经济展望》，2020 年 10 月。

从图 6.8 中可以看出那些比较依赖于旅游行业的绩效变差了。而图 6.9 中，从左到右是从短期往长期的影响，这条线是

45度的线,有的国家实际上从长远来看会回升得比较好,这里面可以看到对短期和长期的不同影响,也就是说疫情对于不同经济体在短期和长期上的影响是各不相同的。

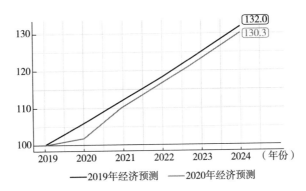

注:以2019年GDP为基准,令2019年GDP为100。

图6.7 中国实际GDP水平(2019—2024年)

资料来源:IMF,《世界经济展望》,2020年10月。

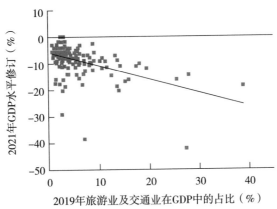

图6.8 2021年GDP水平修订及2019年旅游业和交通业在GDP中的占比

资料来源:世界旅游理事会(World Travel and Tourism Council),IMF。

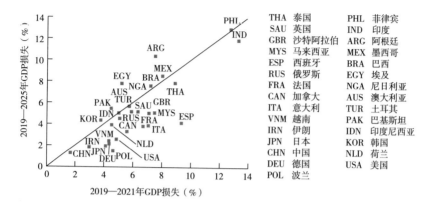

图6.9 2019—2021年与2019—2025年的GDP损失

资料来源：IMF。

看一些数字的关键是要看到数字背后的人，由图6.10可以看出累积性的人均收入变化很大。左侧黑色代表疫情之前的预测值，右侧的灰色代表疫情之后的预测值，由此可以看出受疫情的影响人们的收入水平明显下降了，尤其是新兴市场和低收入市场，在疫情发生之后下降的幅度很大。通过计算可以得到收入水平大约降低了7%—8%，这带来很多生活方面的影响。世界各国都推出了不同的政策，各个政策之间的差别也是不小的。

从图6.11我们可以看到财政方面的政策，通过比较左图中的新兴经济体和发达经济体，可以看出发达经济体一般会推出很大的刺激计划。

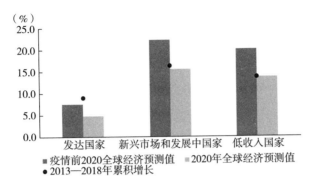

图6.10 累积性人均收入预测值变化

从图6.11中间的图可以看出，灰色部分代表了激励性的财政政策，黑色代表的是其他的政策。在全球范围内，各国推出了很多的刺激计划以阻止疫情的冲击，中国也在其中。欧盟、英国和美国等国家的市场期望也发生了很大的变化。

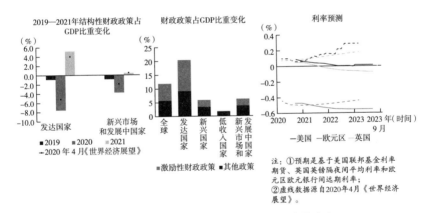

图6.11 大规模的政策支持阻止了疫情的冲击

资料来源：彭博财经；IMF。

图6.11右侧的折线图也让我们看到人们对于利率的下调也

有不同的预测。

当我们做这些预测的时候，我们必须要先预测疫情的轨迹。毫无疑问，对于我们的经济预测来说，关键要看疫情怎么发展，因为疫情带来了很大的不确定性，使得我们现在必须把过去没有疫情时的情况和现在疫情后的情况进行对照。从图6.12左侧的折线图中可以看到，新兴市场和发达市场的债务情况差别很大，尤其是新兴市场，其债务水平非常高，而发达国家的债务水平也几乎达到了二战之后的最高值。我们要考虑的问题是，这样的债务情况是否可持续？我们在前面一节也讨论了这个问题，对此我们需要给经济以更多的支持，在财务上的可能性是现在的利率低，所以可以通过更多的借贷来维持，但是如图6.12的右图所示，其增长的前景也更低。

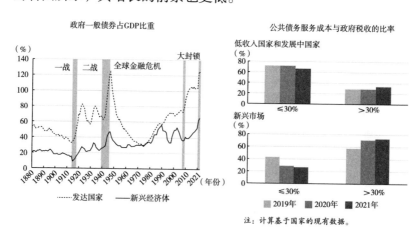

图6.12 债务状况的对比

资料来源：IMF, Historical Public Debt Database；《世界经济展望》数据库；Maddison Database Project。

我总结一下现在政策的优先点。

第一，我们要先控制住疫情。我觉得中国为此树立了一个很好的榜样，把疫情控制住了才会有很扎实的经济回升。

第二，必须要有强劲的政策行动。我想一定要保持宏观经济方面强有力的支持。对于世界其他国家来说，IMF 从 4 月开始也给了不少国家以财务支持，G20 专门有一些债务减免或者是停止偿付的行动，这个是很有必要的。

第三，在贸易方面我们需要透明、开放，以规则为基础，这是推动增长的重要手段。

第四，在我看来最为重要的就是，我们的政策必须要塑造未来的经济，更多地投资教育、投资绿色经济、投资数字转型，这样就可以让后疫情时代的经济与现在不同，取得更大进展。我认为政策的制定者要看到现在确实存在这样的机会，可以影响未来的经济形势。

疫情对全球化的影响*

马丁·沃尔夫　英国《金融时报》首席评论员

关于疫情以及它可能造成的影响,我有两个基本观点。第一个观点是,COVID-19危机是一件史无前例的危机。不是因为我们以前没有经历过疫情大流行,人类历史上有过比这更糟糕的疫情,但这是现代经济首次遇到这种情况。政府选择封闭经济以应对危机,这是以前没有过的。

这就联系到了第二个观点,我们不知道这场疫情将如何在世界各地发展。假设它将在全世界传播,更多的人将被感染,我们不知道应该如何在不同维度上成功控制它,我们不知道在恢复经济活力方面会取得多大的成功。这些都是不确定因素。

我的观点是,这很可能是历史上的一个关键时刻,新冠肺炎疫情过去之后将呈现一个与之前截然不同的世界。其中,经

---

* 2020年5月25日,上海发展研究基金会举办"系列座谈会之56疫情对全球化的影响"。本文是马丁·沃尔夫(Martin Wolf)先生在座谈会上的演讲。

济全球化的未来正在发生深刻的变化。

值得关注的是，在危机之前，我们已经遇到了困难，虽然并非所有国家都是如此，但在全球层面上经济增长一直在放缓。发达国家在金融危机后经济增长明显放缓，而且尚未完全恢复，生产率增长一直很低。中国的增长速度也从2000年初大幅放缓，近年来经济增长也比较缓慢。印度和整个拉丁美洲的经济增长也在放缓。经济增长放缓是一个相当普遍的现象。大多数经济体，特别是私营非金融部门和政府部门，都有非常大的债务负担。民粹主义、民族主义和保护主义在发达国家尤其盛行，在新兴国家也是如此。因此，此次危机之前的世界局势已经非常困难，保持开放型世界经济的基础也已经非常困难，特朗普的当选和英国退欧都是这种困难的表现。

然后，我们遇到了一系列非常特殊的事件，我们似乎已经很清楚，它将导致一场异常的全球衰退，这是自20世纪30年代以来的第一次全球衰退。我们几乎一定会看到世界贸易急剧下降。

因此，我们正处于非常严重的经济衰退之中。但就其对经济活动的影响而言，这并不是一场均匀的衰退，那些不依赖于面对面接触的人远比其他人更有效率，例如IT行业的某些部门，所有依赖于IT的工作都在蓬勃发展。这些可能是结构性的转变，但也不一定，也可能会持续到疫情大流行结束之后，这就是我们现在的处境。英格兰银行预计英国GDP在2020年将下降14%。如果属实，根据英国历史统计数据，这将是自1700年以来最严重的经济衰退,它将成为英国历史上一个非常独特的事件。

现在我们展望未来。第一,即使经济重新开放,复苏也不会一帆风顺。在相当多的国家,随着经济重新开放,人们极有可能又开始四处走动,那时疫情大流行就会卷土重来。作为应对,政府将再次封闭部分或全部经济。因此,复苏不会是平稳和不间断的。这对企业非常不利,因为它将产生巨大的不确定性,进一步影响他们对未来的信心,也会影响他们投资的信心。

第二,尽管各国情况不同,并在很大程度上取决于政府的政策,但我们即将面临大规模失业。这种现象在美国最为明显。而在许多欧洲国家,人们不会轻易失业,虽然这对政府来说代价非常昂贵,但失业率不会上升那么多。

第三,由于税收的崩溃,各国政府将出现更大的财政赤字,这是除世界大战时以外西方世界任何政府都未曾出现过的,按照世界大战时期的财政赤字水平,财政债务问题将出现爆炸式增长。幸运的是,当前的利率非常低。但有理由认为,在这一时期结束时,所有西方国家的债务水平都会接近100%或更高。德国虽然可能只有80%—90%,但还是很高。

第四,大量的企业将会倒闭,尽管政府正在向它们提供各种援助。这里特别关注发达国家,当然这也可能发生在新兴国家和发展中国家。

第五,新兴国家出现了资本外逃,特别是在非常脆弱的拉丁美洲,其他地区也是如此。这将会出现一波又一波的主权债务违约，而阿根廷只是一个开始。很多国家都在同时与资本外逃、汇率崩溃、市场崩溃以及COVID-19抗争。新兴国家遇到了巨大的国内和国际危机。

第六，除非很快有疫苗，否则各国很可能在几年内都不会完全开放边界。国际旅行将继续中断。

第七，在这种情况下，保护主义和民族主义显然将更加强烈。相当普遍的观点是，由于经历危机，各国需要更加自给自足，更加自力更生。

第八，政治稳定没有保障。许多国家的国内政治面临巨大压力。我们看到中国和西方，特别是中国和美国之间的敌意正在迅速而深刻地增强。

在我看来，这是全球关系的一次深刻转变，其根源在于一场意想不到的深刻危机。人们不知道该如何处理。这场危机不仅是一场经济危机，也是一场国内和国际政治危机。我认为我们所处的位置以及所有的威胁和风险都很清楚。

最终会发生什么？世界会是什么样子？过去最大的危机发生在20世纪30年代，那是一个不可控的经济事件。更糟糕的是，美国、德国、日本乃至整个世界经济倒退到保护主义，世界贸易全面崩溃。我不是在预测会发生这些事件，但现在显然具有这种风险。

问题是，我们是否能保持国际秩序和某种全球化的基本结构？我认为这是可能的，但这需要各国领导人采取非常坚定和积极的行动，尤其是欧洲和中国。我认为目前这是非常困难的。

第六篇
重建世界经济：困境和途径

人们必须认识到，作为全球公民，我们在经济上高度关联、相互依存。正因为如此，我们必须重新建立和恢复合作来处理此后的危机。G20 在 2008 年和 2009 年初全球金融危机期间做出了巨大努力，在政府首脑级别之间建立 G20 对维护合作至关重要。不幸的是，这一次没有发生类似的事情。

我认为，当前许多方面都处于一场非同寻常的空前危机之中，它发生在全球金融危机之后不久，我们还没有完全从危机中恢复过来；它发生在国际紧张局势不断升级之际，尤其是在美国和中国之间。到目前为止，危机使这一切变得更糟，经济复苏将是困难的。我认为，未来将会产生许多巨大的挑战，目前我们不能确信我们能够成功应对这些挑战。

疫情对中国和世界经济的影响[*]

邵宇　东方证券首席经济学家
徐明棋　上海社会科学院研究员
夏春　诺亚财富首席经济学家

邵宇：从目前来看，新冠肺炎疫情对经济的影响已经比较大了。经济学家给出的第一季度4%左右的增长预期，肯定是高估了。第一季度实际可能就是零增长，甚至不排除负增长。大家都沿用2003年的两个季度相差两个百分点，但现在的两个百分点和当时增长10%左右的两个百分点差距非常大，所以对整个经济造成的冲击非常明显。制造业和服务业的采购经理指数（PMI）数据，达到前所未有的低点。所以它的影响可能不应该和2003年比，可能和2008年比更加合适。至少从第一季度的数据来看，它的冲击肯定是相当于金融危机的量级，一个季度

---

[*] 2020年3月6日，上海发展研究基金会举办"沙龙第157期：疫情对中国和世界经济的影响"。本文是邵宇、徐明棋、夏春先生在沙龙上的对谈，内容有删改。

乱局、变局和格局

有两个百分点的下降是能够控制得住的。

可以基本肯定，新冠肺炎疫情已经开始在全球蔓延。欧洲以意大利为中心，已经全面爆发出来了。亚洲产业链上游的两个主要经济体——日本和韩国，恐怕也没有办法控制住。现在北美的情况，大家众说纷纭。美国疾控中心（CDC）和世界卫生组织（WHO）的专家基本上都确定一个月内会有一个大爆发。我们也认同这种观点，疫情可能真的会变成对全球经济产业链的持续冲击。

在这种情况下，我们第二季度和第三季度乃至全年的增长会怎么样呢？第二季度的增长情况取决于疫情什么时候结束。全年的冲击会是0.5—1个百分点。我们官方的估计是5.7减0.5个百分点，现在估计可能减到0.7个百分点。也就是说，2020年即便给出相应的政策对冲，全年的增长可能也只能维持在5%多一点的水平。现在"三驾马车"之中，供应链会形成人员交流和货物交流的停滞，所以对出口这一部分不做太高的奢望；消费部分其实也没有真正能够回补的空间，失去的消费在后续过程中大部分是补不回来的；而投资部分，现在有争议，短期的说法就是要补，用房地产补，用基建补。我看到最新的政策，各个地方的松绑政策或多或少都被中央政府按住了，所以房地产大放松恐怕也不现实。再看基建，25万亿元、34万亿元的说法都有。我们觉得，基建里新的东西其实就是新产业里的东西，比如武器、人工智能、物联网，只不过以前穿的马甲叫"新产业"，现在叫"新基建"。但边际增长和现在经济体制总量相比，其实

第六篇
重建世界经济：困境和途径

还是比较小的。而且我们也注意到一个重要的现象，现在整个融资数据里，支持中长期贷款的融资并不明显。除了基建，还有制造业和设备的投资，这一块投资很难在房地产和基建有明显改善之前看到大的改善。总体而言，更多的政策是缓冲作用。

现在的货币和财政政策其实都比较犹豫，并没有全面发力。大家还是觉得与2003年一样是一个短期的冲击，一个季度就能过去，对冲击的量级估计不足。现在整个杠杆快速上行以及大规模的放水和财政刺激，恐怕不一定能够起到相应的作用。疫情的主要工作是开发疫苗，做防控。放水的话，股票能涨，但是对疫情防控有多大用呢？未必有很大作用。现在的财政政策，主要是通过财政部紧急向受灾区域的资金拨付，大概有1 100多亿元。但是赤字率没有调，特别国债也没有发，为什么呢？因为这两个都要过立法程序，必须放到两会。等到这些真正进入到立法程序，恐怕要到了第二季度中旬了。整个政策的投放，包括中长期财政刺激的到来可能要到下半年。这样对整个经济的拉动，在这两个季度就没有明显的促进作用了。货币政策也是如此。它做的是再贷款、逆回购以及中短期资金的释放，并没有看到准备金的调降以及明显的降息。这取决于货币当局认为目前的形势有多差以及会持续多长时间。至少目前来看，货币政策还在观望。因为短期债到期会收回去。坦率地说，大家在干什么呢？都在炒股票，因为别的地方也没有办法去，都在家里炒股，所以股票不是很差。现在的政策，不管是财政政策，还是货币政策，只能把经济拖到5%向上一点点的位置。

全球现在唯一能做的就是全球联合刺激。因为全球不可能像中国这样管控，大家只能自求多福了。中国也有可能切断其他国家向中国的人流通道，这样就会交互形成产业链的分割。这势必在会全面挫伤经济，整个全球经济可能形成比较大的衰退。在这个衰退过程中，可能面临美国大选以及货币政策的钝化，可能产生很多意想不到的结果，而这可能又反过来影响中国经济的平稳。

大家要充分估计今年这样一个冲击的力度以及我们政策的局限性。经济下滑应该是大概率的，我们觉得这是短期的。中期涉及的问题就更加复杂了，这涉及我们原来的城市群策略是否能得到维持。中小企业如果大面积被淘汰掉，或者引发了失业，怎么办？龙头企业集中会带来什么样的分化效益？这可能都要在后续做更多的观察。

疫情不太会导致供应链从中国转移出去。实际上从短期来看，这种转移不太可能实现，因为中国的产能已经太大而不能倒了。即便你转移到墨西哥，转移到越南，转移到更低制造成本的区域，也不能保证以它们的公共卫生条件以及政府治理水平可以承担得下来。只要转到发展中国家，都可能面临类似的冲击。回到发达经济体，无非是性价比的考虑，更贵一点。现在看起来只有美国可能会有这种想法，究其根本还是中美的博弈。我一直认为，贸易战会促成美国连同周边国家的供应链，除了美国以外再有一个大供应链，这是两个不同的格局。现在看起来，疫情似乎能够推动一部分产业。最近看到3M可能把

第六篇
重建世界经济：困境和途径

口罩生产线部署到美国，这个就考虑到性价比的问题。从长期来看公司是追求利益的，真的能够带回去的就是原来侧重的设计、高端的制造，这一块本来也不准备让出来。一般的产业能不能转回美国，或者再工业化，还是存疑的。至少我们看到，有一定的关税束缚，这种转换进程还是比较慢的。还有一种看法，如果这次中国控制住了疫情，而其他国家控制不了，那应该把产业链更多放在中国，还是放在其他国家？作为理性的选择，应该把更多投资放在中国。两种趋势会交互进行，要看疫情在未来一个月或一个季度以后进展到什么样，才能决定哪种力量更大。短期来看，我觉得这种变化不会迅速发生，而且现在看起来，可能会对从中国往外转移的产业链带来一定抑制作用，减缓转移的速度。

徐明棋： 大概在本月，中国的疫情，除了武汉之外，都会得到有效的控制，而国外疫情在不断恶化。根据现在疫情的发展，悲观情绪进一步上升。我们临近的韩国，累计人数已经超过6 000，每天都有新感染的几百人；日本总计超过1 000人。欧洲的传播速度很快，意大利已经有4 000多人感染，而且数字还在快速增加；德国爆发了新增病例；西班牙、法国等这些国家都有不断增长的数字。这让我们感到疫情不是往好的方向走，而是逐渐形成新的扩散，甚至达到高潮。美国的形势现在不容乐观，虽然好像没有形成社区大面积传染，但是这可能与他们的统计方法以及信息的控制有关。因为彭斯说美国有150人感染，但是根据疾控中心统计的数字，已经超过200多人。中东这些地区的传染人数也在不断地增加，负面消息越来越多，伊朗早就超过3 000人了。世界卫生组织也在警告全球范围社区传播的风险非常大，而且有效控制的窗口非常小。这也就意味着在接下来两个星期，如果没有有效隔离、有效控制疫情的话，可能会有大范围全球性的疫情扩散。

我是偏向悲观的。为什么？第一，大多数国家不具备中国政府这样强有力的管控能力，没有牺牲一些社会评价的决心，不能进行全面的人员流动管控。对于小范围确定的疫区进行一定程度的封锁，有些国家甚至都做不到。国外很多地方仍然把它当作病毒性流感来处理，等到疫情进一步扩散，死亡率上升，民众就真正害怕了。从武汉前期没有受管控时的死亡率数据来看，新冠病毒的死亡率还是很高的。一般病毒性流感只有0.6%—0.7%的死亡率，和这次疫情的死亡率是不能相比的。不管控的情况下，疫情死亡率可能高达3%—4%。但是现在大多数国家还没有像中国政府一样，愿意付上经济和社会代价，进行大规模强有力的管控。

另外，尽管有些国家的中央政府或某些地方政府已经感受到疫情比较严峻，要采取管控措施，但由于它的政治制度是各自为政，各地都有很大的权力，无法有效进行大面积的管控。他们也没有办法像中国那样，动用全国的资源，甚至不惜代价几万人跑到武汉。其他国家没有办法来打"歼灭战"，因此一旦扩散了以后，扩散的时间可能拖得比较长，也无法像中国那样可以迅速动用资源，快速恢复生产能力，甚至有的企业可以迅速转产生产口罩、防控设备，国外很难做到这一点。

再一个就是医疗体制。大多数国家的医疗机构都是私有化的，无法像中国一样可以用政府的全部力量，所有病患都可以免费治疗。现在美国尽管进一步放宽，说是病毒测试免费。但是你要先要做其他方面的测试，才允许你去做新冠病毒感染的阳性测试，其他前期的测试是需要付钱的。有的人因为医保没有覆盖，成本很高。所以，它控制疫情的有效性不足，时间窗口会拉得很长，导致很多人没有办法立即治疗，成为传染源。

我的判断是，尽管国外医疗水平不比中国差，尤其是发达国家，如美国、德国、意大利，但是疫情可能拖得比较长，国外的大面积传播，可能是一个大概率事件。

在这样的背景之下，世界经济受到负面影响很大。原来很多人比较乐观，认为世界经济会因此损失大概 0.1% 个百分点。IMF 最早的预测是，疫情对世界经济大概只有 0.1%—0.2% 的微小负面影响。目前来看，这个判断太乐观了。2 月 6 日，美国一个研究机构发布报告，认为全球经济可能因为疫情损失 0.4 个百分点。OECD 在 3 月 3 日发表的报告，认为世界经济将会损失 0.5 个百分点。IMF 说马上会发表一个新的预测数据，我估计会和 OECD 的预测相一致，也就是全球经济可能损失 0.5%。IMF 原来的预测数据是 2020 年 GDP 增长要好于 2019 年，达到 3.3%。如果减少 0.5 的话，那就是只有 2.8% 左右。我的判断是可能 2.8% 都没有办法达到，因为其他机构的全球经济增长的基数比 IMF 要低很多。世界银行原来估计全球经济增长只有 2.5%，如果减掉0.5%，就只有2%。如果按照IMF的数字，对全球经济增长的基本判断应该是2.5%左右。如果按照世界银行的数据，大概只有2%，或者低于2%的水平。OECD原来预测全球经济增长是2%，现在已经下调到1.5%。

疫情对全球经济负面影响，已经不仅仅是中国疫情本身所谓的慢效应，而是全球性的扩散。更悲观的是，如果这次疫情导致欧洲经济衰退的话，有可能把美国经济拉到衰退的境地。正是因为这样，美联储3月3日提前将基准利率下调50个基点，本来是3月18日开会才来决定。美联储提前发出这样的信号，是为了稳定市场担忧的情绪。但是，利率下调并没有真正挽救美国股市。美国股市创造了一波行情之后，又开始迅速下跌。所以对美国经济的估算，现在普遍认为可能降到2%以下。尽管美联储的货币宽松政策可以稳定一下金融市场的情绪，但是现在不是缺资金，而是由于疫情暴发，导致生产和消费的正常秩序被破坏，宽松货币政策无法挽救。

欧洲经济一直疲弱不振。受美国保护主义措施以及英国脱欧、成员国内部矛盾的影响，欧洲经济增长一直都在下滑。2019年只有1.4%，欧元区只有1.2%。现在疫情扩散了，可能导致欧盟达到衰退状态。如前所说，欧盟的衰退会产生更加广泛的影响，会把美国拖入衰退，这样的前景不能排除。日本经济本来就处于非常低迷的状态，2019年只增长了0.7%，原来预测2020年会进一步降低到0.5%。我的判断是，这次日本疫情的扩散会使日本的经济进入衰退。如果主要的经济体没能够有效、迅速地控制住疫情，接下来疫情暴发导致生产、消费秩序受到明显破坏以后，经济可能出现一轮衰退。2008年全球金融危机导致衰退后，现在已经进入第12个年头。从周期这个角度说，世界经济可能又进入新一轮的衰退。

大多数发展中国家和新兴经济体有一个预期，随着中美贸易争端的终止以及投资贸易的继续，前景可能较好。但现在来看，主要发达国家市场遭到这样的重创之后，新兴国家也有进一步下行的可能性。所以总体来看，世界经济在2020年会有一个明显的收缩。

第一季度中国整体经济有可能是零增长，甚至不排除负增长。如果世界经济受到冲击，疫情进一步扩散，对中国下一阶段的整体经济也会产生很多不利的影响。首先从出口的角度看，我们第一季度非常不好。因为国内生产、生活的正常秩序被打乱之后，很多出口停滞了。接下来第二季度恢复正常，下半年会有一个弥补性的行情。美欧、日本、韩国是我们主要的市场，美国是我们最大的出口市场，欧洲其次。从上海这个角度来说，这几个市场占到我们整体出口的一半，如果因为疫情导致需求受影响，下半年行情也会受到非常大的冲击。这样一来，我们恢复性的出口就没有办法实现了。

在全球产业链中，中国扮演着非常重要的角色。在机械、电子、航空设备、港口设备、化工等重要领域，我们既是很多产品的进口方，又是很多产品的出口方。前两个月，日本、韩国汽车，美国苹果公司，这些大公司由于配件缺乏不得不停产。

现在，看到中国恢复了，它们可以马上恢复生产，中国的供应链要恢复了。但现在全球疫情扩散，导致它们生产收缩，需求减少，我们迅速恢复的生产不得不面临外部需求减少的状态。全球产业链可能会因为疫情导致碎片化和停顿，时间会被拉长。本来说中国恢复供应以后，原来的供求关系、产业的关联度在一两个月内会得到恢复，现在看来难度非常大。

中国的旅游业这几年快速增长，外国人到中国来，中国人出境。而中国第一季度的出境游受到了非常不利的影响，很多国家对我们实施了管控，措施非常严厉。现在反过来，中国要对海外有疫情的国家进行管控，人流和商务活动会受到很多不利的影响。所以，前一个阶段是因为我们自己的疫情，第二季度甚至到第三季度，中国经济又会受到海外疫情扩散的不利影响。

但这里也有机遇，比如吸引外资。首先，由于中国政府有力地控制住了疫情，我们的生产秩序得以快速恢复，这让各国企业感到中国是比较优质的投资所在地。有些准备到海外寻找供货商的企业，看到未来疫情在海外扩散的不确定性增加，中国相对来说是安全的地方，企业会进一步在中国扩大投资。这对中国，特别是像上海这样的地方，有一些有利的影响。其次，超宽松的货币政策，一方面会导致全球金融资产泡沫进一步扩大。我不认为宽松的货币政策可以解救这次疫情，因为这次疫情直接打击了生产和生活的秩序，对生产和消费产生直接的冲击，并不是缺钱的问题。上一次金融危机，泡沫破灭以后流动性不足，宽松的货币政策有很大的用途。这次疫情对生产和消费的环节产生冲击，导致生产收缩，宽松的货币政策创造出来的货币，最终回流到金融市场，导致投机性市场进一步泛滥，很多钱会流入到中国。因为中国疫情管控有力，生产恢复比较快，经济增长下半年有明显的报复性反弹。钱进来以后，毫无疑问，会对我们金融业的进一步发展，包括我们上海国际金融中心的建设，有一定的好处，但是也要防止潜在的泡沫风险。

总体来看，有一些机遇，但是我估计负面的影响还是要超过有利的影响。所以说，宏观政策、企业层面，必须要有更多的措施来应对。

夏春：疫情暴发的时候，不同人的敏感度不一样。当时市场上分析疫情对股市影响的人非常少，最开始只有一两篇文章，跟 SARS 进行比较。我用英文查全球大流行 pandemic，马上找到了海外对这个词的研究，他们认为疫情对市场影响非常短暂。有几次大的疫情，比如说 SARS，发生在 2003 年，全球从 2000 年开始已经连跌三四年了。因为 SARS，股市在下跌 40% 以后，香港房价下跌了 60%。在这种情况下，给出一点点刺激，香港自由行或是货币宽松，行情很快就恢复了。另外一次疫情是 2009 年发生在美国的 H1N1，2009 年是金融危机爆发。当时我的第一感觉是，历史上疫情的影响都不是很长，基本上 3—6 个月以后，全球股市都大涨。所以我觉得不需要那么悲观，我也不太懂新型冠状病毒到底破坏力有多大。这是我的第一感觉。

我的另一个感觉是，GDP 很有可能负增长。2019 年差不多大半年，我都在跟我的客户讲，中国经济的周期性非常强，现在一般人看到的周期数据都是1992年以后的周期数据，过去这些年GDP从2007年的高点下来以后，基本稳定在6%—7%，感觉不到周期的变化。我去年跟我们的客户讲，投资周期是很关键的。如果看1992年以前的数据，中国也有季度GDP数据，只不过那时GDP的计算方法没跟国际接轨，更像苏联传统的国民经济核算，把这些数据摆出来一看，季度负增长很常见，比如1990年一季度负增长。我当时马上本能地想到，我去年讲了一年负增长的可能，所以我把这两件事放到一起，写出来了。

再往后看，又看到很多对疫情的研究。有一份研究说，截至2018年全世界有344件重大事件，这些事件都引起了媒体的广泛报道，包括自然灾害，比如海啸、飓风；包括人为灾害，比如恐怖袭击、切尔诺贝利核电站。这344件吸引媒体关注的事件，对市场的影响只有两三天，基本上接下来该怎么样还怎么样。比如日本的海啸对美国冲击很大，结果美国股市跌了两天，加起来跌了3%，然后开始反弹。美国发生卡特里娜飓风，股市涨了一星期，后来才往下跌。"9·11"事件也是，美国股市跌了五天，然后开始反弹。这一次国内股市没怎么跌，内地跌了一天，香港跌了一阵子，后面都在涨。很多人，包括我自己，都在参考历史经验，而忽视了2003年、2009年的因素。前一段时间市场都比较乐观，尤其是国内，因为大家都在家里，资金宽松，使得大家在股市上布局，是有这些原因。现在中国投资者特别担心海外。最近这一段时间，大家看到美股这样跌，上星期连跌了七天，这个星期一天涨一天跌，而且这些大涨跌的

第六篇
重建世界经济：困境和途径

点数，都已经进入了道琼斯的历史、标普的历史。

现在有很多解释说，可能各种原因要导致衰退了。我们很担心美国，担心他们的治疗手段不行，担心他们的治疗费用很高。但是根据我最近跟踪的市场来看，每个国家有每个国家解决问题的方法。比如日本前期的应对很差，油轮疫情大家都知道，但是事后它的解决方法跟我们不一样。我们建雷神山、火神山、方舱医院，他们可能直接用帐篷，隔离的效果也还可以。意大利也有自己的方法。美国现在也开始有自己的方法，检测也不需要花钱了，每个人都可以检测。

为什么市场现在这么大跌大涨呢？有一个原因，我看美国这边的分析，才发现他们实际上担心中国。美国家庭去杠杆，美国的家庭现在财政很健康。政府杠杆虽然比较高，债务达到100%，但是过去几年奥巴马和特朗普实际上保持了一个水平的100%，并没有往上突破。美国金融系统非常健康，《巴塞尔协议》降杠杆做得很好。之前我们有点担心美国企业加杠杆，发债买自己的股票。但是仔细看你就会发现，这次发行没有2008年那么强。美国经济体系、金融体系相对来说比较健康。这些天大涨大跌除了技术性的原因，比如投资策略，还有大选的原因。我们做的一些刺激，我们稳定经济的一些做法，我们觉得是好的，但是站在国际投资者的角度来看，前一段时间资金实际上是在流出的。实际上外资担心中国，担心中国各个层级的债务，家庭的、企业的、政府的都很高，再加上中国现在又讨论要刺激。我们担心别人，他们当然有他们的问题，但是实际上，他们也在担心我们。

我觉得最重要的一点是要看一下经济衰退以及刚才说的股市这么大的波动，从中我们可以收到什么信息。通常来讲，经济衰退只有两种情况。一种情况，比如说石油危机导致通胀快速上升，这是工资拉动型的，导致一次大的衰退。除了石油危机，历史上的1929年大衰退、1997年东亚金融危机、中国的股灾、美国2008年的金融危机，全都是某一方加了杠杆，加得非常多，同时货币在收紧，这两个因素合在一起导致了经济衰退，传导到金融市场。美国金融系统比较健康，家庭也比较健康，现在利率水平又特别低。在这个情况下，市场为什么这么担心，除了前面讲的这些原因，很大的原因是担心全球供应链打破以后可能会带来通胀。

美联储前几天第一次决定降息的时候，市场为什么反应那么激烈？很简单。这次疫情冲击最大的是什么行业？是旅游、餐饮、消费，这些行业对利率其实不敏感，对利率敏感的是中长期投资，是房地产、基建这些行业。降息的措施不是解决经济问题，更多是解决市场流动性的问题。现在美国市场上加杠杆，融资买入股票，这个比例又超过前三次经济周期的高点。实际上杠杆加得非常多，基本上这些基金经理95%以上的钱都投在股市里了。前几天有一些亏损股票涨得非常猛,特斯拉涨得很猛。美国股市涨了10年，还是比较健康，虽然有点泡沫，但是并不明显。很多研究发现，现在股市像1999年，但是科技股比较健康。比较令人担心的一个原因就是企业利润增速下来了，但是股价还是被几大龙头拉着往上走。这时候大家特别怕泡沫的势头出现以后，因为都加了杠杆，大家都想离场。现在联储降息，更多是缓解市场流动性，但是解决不了刚才说的全球供应链被打乱造成的影响。

其实美国对中国市场的整体依赖不大。我们过去有个错觉，去年打贸易战的时候，一说起中国和美国打，美国肯定输得非常惨，美国非常依赖中国市场这种说法。实际上这个说法非常不科学，如果你去看一下数字，把全世界主要经济体摆出来一看，美国是最不依赖国际贸易的，依赖国际贸易的是中国、德国、日本和新兴市场。美国股票市场上依赖中国收入的国际公司其实比重并不高。虽然供应链的联系很深，中间产品从中国进口的比重很大，但是收入来源并不是从这边来，更多是从美国本土赚到钱。美国绝大部分股票就是赚美国人的钱。前一段时间中国出现疫情，美国人觉得没有太大关系，对股市影响不是很大。唯独半导体相关股票跌得比较多，因为武汉是生产中心。美国整个500股里，对中国依赖最大的恰好是半导体行业。

为什么美国一下子紧张了呢？因为担心中国经济衰退，担心全世界供应链打乱了。刚才说的停工停产，大家互相不来往了，原来是不让中国人去，现在中国肯定也不让他们来了，这个事情引起了全球股市的波动。美国很害怕再出现一次类似20世纪70年代末期的情况，供应链打乱以后导致的通胀上涨，通胀上涨以后美联储又得加息。美联储这种反反复复的变化会让大家失去信心。美联储过去这两年的表现非常让人失望，说是要加两次，结果降三次；年初说不加，结果一下子降了。特朗普现在一方面在美国境内开始跟国会谈判，拨款加速疫苗研发，加速防备；另一方面，可能下一个命令是要求美国所有的药厂同时来研究冠状病毒的解决方法。他说他不希望走到那一步，但是希望大家一起努力。我们当然还有一个期望，就是天气热起来，过去气温一升，病毒就消失了。但是这个研究一定要进行，上次 SARS 病毒的研究，临床一期结束以后，没有病人就没有做下去。如果坚持下去，原来疫苗的开发可能就解决这个新病毒的问题了。特朗普如果把这件事做下来，可能市场不会那么惊慌。第二件要做的事，如果他现在拿出政治勇气，把关税降到他上任之前的水平（比如对中国加权起来只有3%），市场的情绪就稳定下来了。之前特朗普挑起反全球化，现在疫情又推动反全球化，如果他能够再做出这么大的动作，我相信全球合作会使物价降下来。因为关税基本上是美国人掏钱付的，现在不加关税，钱到了口袋里，大家就会赶紧去消费。所以这件事值得做，而且可以一箭双雕，可以让他连任。现在可能很多人支持他，因为他很强硬。但是在这个关头，他如果做出这样的决定，很有可能使大家不那么悲观，市场也稳定下来，他也顺利连任。这是我的想法。

美国是否会衰退？我们现在有一些预测的方法。比如通过 GDP 增速，通过美国国债收益率的历史表现，来预测衰退发生的可能性。现在衰退的可能性大概是 20%，比过去几年要明显拉高了。衰退发生有几个条件。一个条件是物价快速上涨，到目前来看，好像除了口罩以外，其他都还好。另外一个条件是，金融有泡沫，很多人加了很多杠杆，同时流动性连续收紧。但是现在我们看到利率是放松的，货币水平是放松的，所以说衰退不一定会发生，可能在大家共同的努力下，市场会稳定下来。如果衰退真来了怎么办？这是我们要担心的。衰退有几个指标，一个是铜价和金价的比，另一个指标是所谓的利率倒挂，还有一个指标是负债率。如果政府、家庭、企业三方有一方的负债率非常高，高过前几次的衰退，这就需要担心了。现在看这些指标，有些指标确实让我们担心，但是也有一些指标很健康。历史上金融危机发生之前，都有一个特点，就是银行体系出现利率快速上升，也就是流动性短缺，反应在银行间市场，这个预测力也很高。但是从目前来看，整个全球处在低利率环境，这一方面还比较健康，但是我们也要做一些准备。

  前一段时间，市场对于 GDP 的预测，对于第二、三季度的 V 型反弹都比较乐观。从历史上来看，真正大的危机过后，要反弹很快其实很难。中国过去迎击 SARS 的时候，反弹很快，是因为 SARS 比较特殊，而且当时中国城镇化没怎么开始，也没有老龄化，中国刚刚加入 WTO，有各种有利因素。但是从美国历史上看，1929 年经济衰退，拖到 1933 年还没有走出来，真正走出来时其实是二战时期。所以 V 型反弹要很长时间。最近一次的 2000 年互联网泡沫，之所以反弹比较快，是因为那次只伤到有钱人，没有伤到美国老百姓，美国老百姓没怎么买科技股。2008 年金融危机伤到了所有美国老百姓，所以美国 2008 年的

V型反弹用了整整10年,10年以后才让GDP回到2008年预测的那个轨道上去。那么中国这次呢?中国过去这几年积累了很多问题,如债务问题、老龄化问题。这次就算采取刺激手段,想要快速反弹,我觉得不太现实。第二季度就想反弹,很难;第三季度能不能,都不好说。现在共同努力,可能市场能稳定下来。但是如果特朗普做不了这个决定,我们大家都要做好准备,就是衰退可能会来。因为我们现在看到一些指标,比如铜价和金价之比已经接近历史低点。所以这个时候,我们必须做一些什么;如果什么都不做,可能是非常危险的。

疫情会不会引起债务大规模违约?这是一个经典的问题。过去的主流经济学家,对债务太高都非常担心。现在无论是中国还是欧洲,都认为所谓的赤字率不能超过GDP的3%,这其实是受传统经济学观念的影响。当年欧盟成立的时候有这些指标,中国也参照了这些指标。中国从1949年到现在,只有一年的财政赤字超过GDP的3%,发生在1960年。但是这些年,开始有一些非主流的经济学家重新思考这个问题。比较值得提到的一个例外就是日本,日本虽然说因为经济泡沫破灭,GDP增长非常慢,但其实老百姓生活质量没有问题,而且可以说是非常好。所以后来大家对日本经济进行深入研究以后,觉得债务问题其实并没有那么可怕。这就产生了现在大家都在热烈讨论的问题,就是现代货币理论。现代货币理论在国内不被接受,美国主流的学者也非常不喜欢这个理论。但是我个人仔细研究了现代货币理论以后发现,其实它里面有一些东西比大家想象的要有道理。现在几个主流经济学家也开始认为，假设在经济遇到大冲击的情况下，也就是衰退来临的情况下，采取一定的刺激，债务增加，突破所谓的3%，其实问题并不大，只要这个债务不是外债。现代货币理论核心的假设是个人和企业都需要先挣钱再花钱，但是政府可以印钞票，政府不需要受到这个限制。过去大家担心，要是政府不断印钞会带来通胀，但是现在日本没有通胀，全球也没有通胀。美国做了10年的量化宽松，现在我们是否担心美国将来不还钱呢？美国要维持自己的信用，不会真正走到这一步。如果在充分就业的情况下，采取这种宽松货币或财政刺激，会带来很严重的通货膨胀，但是如果在经济面临问题的情况下，采取一定程度的刺激或赤字，其实风险没有大家想得那么大。

新冠肺炎疫情对欧洲经济的影响*

塞巴斯蒂安·杜林

德国宏观经济和商业周期研究所主任

下面我讲一下新冠肺炎疫情对欧洲经济的影响,我会着重讲第二波新冠肺炎疫情与欧洲经济的关系,特别是要讲一下欧洲经济和德国经济复苏是推迟了还是夭折了。

大家都知道现在已经处在疫情的第二波,在东欧和中欧,可以看到第二波疫情比第一波更强,特别是在法国、德国等国,感染病例数又开始大增。不少国家的经济因此受到影响,经济活动和商业活动都受到了打压,经济状况会出现第二波下跌。2020年夏季新冠肺炎疫情感染情况有了一定好转,但秋季又出现了新的反弹,这一次对经济的影响会有多严重是更值得我们关注的。下面我来介绍欧洲下一轮的计划框架,这也是欧洲一

---

* 2020年12月4日,上海发展研究基金会和德国艾伯特基金会联合举办"2020上海全球金融论坛:疫情冲击下的全球经济和金融——影响、含义和必要的调整"国际研讨会。本文是塞巴斯蒂安·杜林(Sebastian Dullien)先生在研讨会上的发言。

个重大的动向,可以说跟以往欧盟国家单独出台的政策是不一样的,这是一个很大的集体性刺激计划,欧洲首次作为一个集体一起来承担债务,这是一个新的里程碑。

首先来讲一下世界经济与新冠肺炎疫情。从图6.13可以看到全球GDP的逐年变化,以及在首次发生了GDP下降,这是自二战以来最大程度的全球经济衰退。这次危机的打击是以一种共振的方式发生的,所以几乎没有一个国家可以免受打击,而中国实际上恢复得很快,现在还在恢复当中,我们期待欧洲也可以跟进。

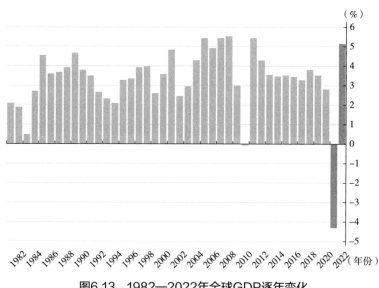

图6.13　1982—2022年全球GDP逐年变化

先来看一下欧洲的情况。欧元区可以说是受打击最严重的地区之一。德国虽然比欧元区其他国家要好一点儿,受到的影

第六篇
重建世界经济：困境和途径

响相对较轻，但也是欧元区的一部分，而且很多受打击严重的国家是德国的贸易伙伴，所以这对德国的贸易经济也很不利。尤其是欧洲的人口老龄化严重，原本的负债也不低，中国采用的很多政策在欧洲难以推行。比如在德国巴伐利亚州的大众汽车很多零件供应是从意大利运过来的，本来欧洲是没有边境的，大家觉得用不着储备大量的货，因此在新冠肺炎疫情暴发以前都是无存货生产，但是由于新冠肺炎疫情影响边境关闭，这导致德国很多工厂的生产也被迫关闭。造一辆汽车需要成千上万个零件，其中任何一个零件运不过来都会影响整辆汽车的组装。

再来看一下德国，可以说很多欧洲国家都碰到了同样的问题。第一就是2020年第一季度的下跌情况，但到了第二季度下跌更为严重，甚至比以往我们见到的最大幅度的下跌还要严重一倍，从第三季度开始回升得比较快，所以我想对于德国经济来说，总体上经济受打击程度可能和2008—2009年的金融危机差不多，但是整个受打击的方面是更宽的，甚至有些机构预测德国经济将会收缩10%。在新冠肺炎疫情发生后，德国的GDP直线向下，之后又直线上升，呈现出V字形，可以说复苏是强劲的，但是要重新回到疫情之前的态势，可能还需要比较长的一段时间。总的来说，这比我们原来想象的恢复时间更长。我想这样的复苏应该说是全方位的，所有门类都在推动，但主要还是需要由消费来推动。同时这样的复苏也得益于整个欧元区国家采取了大规模的刺激计划，包括欧洲在内的大部分国家经济均在逐步恢复。在生产和制造方面，意大利、西班牙和法国的生产一度大幅下滑，但是又迅速地恢复了，尤其是意大利，在第二波疫情期间，意大利的制造业生产量恢复到了疫情前的水平。

从表6.3看一下各国的刺激政策。我们经常会比较各国的刺激政策，在欧洲主要强调的是保持消费水平，在2008年、2009年德国就开始提供短时工作津贴，由于受到新冠肺炎疫情影响，这个政策还在延续，很多员工都得到了补贴。该项刺激政策通常是企业在遭遇困难时为保障员工不流失或不失业而采取的措施，比如说企业在危机期间会支付给员工正常工资，政府会给予企业一系列的补贴来补偿工资，也就是说政府出钱给员工开工资，以弥补他们因工作时间缩短及无法工作造成的收入损失。从而在需求上升、复工复产之后，员工就会比较顺利地回到工作岗位，不再像以前一样，这些人失业之后再回到岗位需要很长的恢复期。2008—2009年金融危机期间这个政策有效地维持了就业率，欧洲现在很多国家也在效仿德国这个政策，因为当年的这个政策被证明仍然行之有效。另外我们也看到很多企业获得了政府及信贷机构的担保，可以延缓缴纳税款，可以说这些政策有效地刺激了消费需求，所以7—12月才会进行增值税下调，且比之前下调的幅度更大。所有的商品和服务都适用这样减税的政策，奥地利或者其他国家则采用了其他的减税方法，另外还包括公共投资。这些加起来可以看到政策广义的效果，在表6.3中可以看到这些政策对GDP的影响，第一类是财政刺激；第二类是延缓交税，这样也可以帮助公司解决流动性的问题,但是这只是延缓交税,并不是完全的刺激;第三类是其他流动性担保。把这些数字加起来,可以让大家看到影响的确是巨大的,不过这些都是广义的数据,也许是过度扩大了影响。比如说在德国,政府提供一些贷款支持,但是并没有真正地讲到资金的使用方式,比如说有 5 000 万资金到底要怎么使用,没有人知道。所以资金用途方面不是很明确,影响也不是很确定。

表6.3　2020年各国应对新冠疫情采取的激励计划的内容

国家	直接财政刺激	延缓税收	其他流动性担保	最近更新日期
比利时	1.4%	4.8%	21.9%	2020.10.22
丹麦	5.5%	7.2%	4.1%	2020.07.01
法国	5.1%	8.7%	14.2%	2020.11.05
德国	8.3%	7.3%	24.3%	2020.08.04
希腊	3.1%	1.2%	2.1%	2020.06.05
匈牙利	0.4%	8.3%	0.0%	2020.03.25
意大利	3.4%	13.2%	32.1%	2020.06.22
荷兰	3.7%	7.9%	3.4%	2020.05.27
葡萄牙	2.5%	11.1%	5.5%	2020.05.04
西班牙	3.7%	0.8%	9.2%	2020.06.23
英国	8.0%	2.3%	15.4%	2020.07.16
美国	9.1%	2.6%	2.6%	2020.04.27

到 2020 年第三季度,新冠肺炎疫情严重程度有所缓解,但是之后出现了第二波疫情,在一周中的确诊病例达到了 20 万。在欧元区的几个大国,你会发现这个情况比第二季度的时候更加严重,因为在二季度的时候,病毒检测能力还没有跟上疫情

的传播。而后很多国家比较及时地采取了封禁措施，比如德国一旦发现病例就马上实施区域性的封禁措施。德国的疫情总体呈现下滑态势，但是确诊病例还不少，第二波在慢慢地缓解，但没有结束。基于相关的限制措施，第二波疫情对经济的冲击，应该会比第二季度小一些。

而西班牙、法国、意大利所采取的封禁措施比德国还要严格，比如说在2020年第二季度的时候必须居家，不能外出。由于很多医疗防护措施没有到位，工厂根本没有办法开工。而后在疫情第二波的时候情况不一样了，德国允许民众外出，但是家庭与家庭之间不能聚会；工厂还是继续开工，除非发现工厂里有感染病例。所以可以看到，疫情防控措施不同，影响也不一样。现在的措施主要是针对第二季度到第三季度这段时间。西班牙、法国并没有完全停工，他们只是关闭了部分零售门店，还有酒吧等，但是生产是持续的。而且学校也正常开学，在二季度第一波疫情的时候，大部分学校都没有开学。

图6.14是牛津大学制定的疫情限制措施的严厉指数。4月份各国采取的限制措施达到了高峰，夏天的时候放松了，但是显然有一些国家在夏天时候放松过度，导致疫情再次抬头，在第二次疫情暴发后又实施了一些限制措施，但是相对于二季度而言，这个限制措施还是放松了不少。这些意味着我们可以做一个简单的关于德国经济复苏的预测，可以看到消费有所反弹，但是还存在很大的不确定性，包括全球贸易的不确定性，以及疫情未来发展的不确定性。2020年，全球GDP增长5.2%，德

国是 4% 左右，德国也会有比较强劲的反弹。

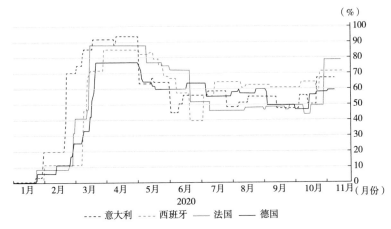

图6.14　2020年新冠肺炎疫情时的限制措施严厉度指数

总体而言，新冠肺炎疫情对欧洲的打击确实是二战之后最严重的。而 2020 年第二波疫情打压了经济复苏的势头，至少对复苏产生了推迟的效果，当然现在还不是说复苏已经夭折了的时候。欧洲各国保持边境开放，而且欧元区资不抵债的情况比较少，因此从很大程度上避免了如 2020 年第二季度社会活动陡然减少所带来的负面效应，我们至少可以防止不利的情况重演。

新冠肺炎疫情过后全球面临的20个"D"字挑战*

夏春　诺亚财富首席经济学家

我要讲的是"后疫情时代的20个D字挑战",首先看一下20个D字挑战是什么意思。在2020年的疫情之后,美国的经济学家用10个字母D对全世界面临的问题进行了一个概括,我对此做了一个扩展,将其扩展成20个D,包括赤字(Deficit)、债务(Debt)、违约(Default)、去杠杆(Deleverage)、通缩(Deflation)等。这些年全球的货币宽松幅度很高,其实某种程度上是为了避免通缩的发生,但是到目前为止我们也没有看到因宽松政策而引起的通胀。由于有大量的债务,政策宽松的国家开始担心货币贬值(Devaluation)的问题,尤其是

---

* 2020年12月4日,上海发展研究基金会和德国艾伯特基金会联合举办"2020上海全球金融论坛:疫情冲击下的全球经济和金融——影响、含义和必要的调整"国际研讨会。本文是夏春先生在研讨会上的发言。

对于美元来说，贬值的大趋势似乎已经很明显。再接下来是所谓的衰退或者是萧条问题（Depression），加上现在的疫苗开发也符合预期，目前萧条的可能性也不是很大。更深层的问题包括人口（Demography）的老龄化、出生率低，还有就是科技的破坏（Digital Disruption）以及科技带来的虚假信息（Disinformation）在过去这些年变得越来越明显。有大量的证据显示，2016年以及2020年的美国大选数据问题的根源，与科技公司信息的传播以及单纯的流量带来大量的虚假信息有很大的关系。还有我特别强调的环境气候破坏（Environment and Climate Disruption），在传统的观点中，这个词被看作一个正面的现象，认为科技公司进行创造性创新时环境的破坏，实体经济会因此而受益，但是目前这种传统观点在新一代的经济学中受到了非常多的质疑。再就是中美脱钩（Sino-US Decoupling）的问题，包括很多的争端（Dispute）。最后一个涉及更深层次的问题，也就是所谓的民主悖论（Democracy Dilemma），因为过去这些年中国的发展，以及2020年中国对疫情的控制和西方国家形成了非常明显的区别，这种民主国家内部争论非常激烈。

这些问题我个人觉得还只是表面的东西，我认为还有更重要的两个"D"，一个是贫富差距（Weath Disparity），另一个是整个价值观的混乱（Value Disorder）。最近有历史学家从历史的角度分析，现在整个西方世界价值观的混乱程度可以与20世纪初期相匹敌，我们也知道当时的价值观混乱导致之后出现了一战和二战。2019年加拿大教授特别讲了贫富差距的严重性，列举了很多贫富差距越来越严重的表现，但是并没有体现出贫富差距和其他问题有非常强烈的因果关系，大多经济学家过去没有认识到这个因果关系。比如所谓的通缩、低通胀和赤字这些问题，过去都被理解成是与人口和科技有关，比如人口老龄化之后大家减少消费，增加储蓄。科技在这些年进步并不大，科技是第一生产力的证据好像也没有很明显，所以我们要放松监管，不断地让科技公司去发展。最新的研究发现，尽管这些逻辑有一定的道理，但最深刻的是贫富差距本身造成了今天看到的非常多的现象，贫富差距是这个过程中的因，而不是果。比如说民粹主义，民主的争论就和贫富差距的扩大有很大关系，当然也和思想价值观的混乱有很大关系，结果就是未来到底是逆全球化（De-globalization），还是全球再一次出现分流或逆转（Great Divergence or Reversal），出现了分别以中国和美国为代表的一个世界两个系统，仍然存疑。

这里列举的20个"D"的挑战是原本世界上就存在的，甚至可以说在过去40年我们都在面临着这些问题。但是在新冠肺炎疫情之后，其中的一部分问题很可能变得更加严重，另一部分问题会变得相对有所好转，这是我今天想表达的一个核心观点。

有金融学家研究表明，这个世界面临的核心问题是贫富差距，贫富差距扩大之后使得消费严重不足，富人有大量的资金，他们用这些资金进行储蓄，用于投资的钱远远少于储蓄的钱，这种现象不仅发生在家庭和个人层面，企业层面也是一样。高科技企业这些年赚到的钱远远超过他们投资的钱，这就带来了一个利率的问题。关于过度储蓄的问题,最开始美国就在责怪中国,说中国的贸易顺差压低了美国的利率,导致了美国人投机炒房。但是最新的研究发现,过度储蓄主要来自企业和富人,而不是来自中国,也不是来自政府。这项研究在欧洲获得了大奖,研究认为科技公司的储蓄越来越多,而且不仅是美国,全球的科技公司都是过度储蓄的主要来源,这就导致经济中的利率非常低,增长非常低,但债务却非常高,因而有很多企业和穷人借债,这项研究非常有影响,把过去的因果关系都讲清楚了。我们都知道美国的贫富差距扩大是从1980年开始的,这一年美国的减税导致贫富差距极速扩大,而中国是在1978年改革开放后贫富差距开始扩大。这个贫富差距扩大的时间轴和增长速度下降、通胀下降、利率下降是完全匹配的。但如果用人口老龄化来解释,并不能得到一个符合时间轴的解释。

有一本书叫《不平等社会:从石器时代到21世纪,人类如何应对不平等》(*The Great Leveler*),其中认为有四样东西可以使得贫富差距缩小:一个是暴力,一个是大流行病,一个是革命,一个是帝国更迭。在历史上劳动力大量死亡,劳动力的工资就会上升,但是2020年新冠肺炎疫情却打破了这个规律,疫情之后全世界超级富豪的财富快速地增长,过去他们的财富积累要十几年、几十年的时间,而2020年一年就涨了50%,这使得贫富差距更加迅速地扩大,我前面讲的问题在未来就会更加严重。

关于债务和利率之间的关系在家庭和企业层面与在国家层面完全不一样。在家庭和企业层面,如果你的债务越高,你要承担的利率越高,所以最近中国家庭的负债就越来越高,一些企业的信用债违约,导致国内的收益率开始上涨。但是这个现象在国家层面并不成立,图6.15显示的是几个主要国家的公共债务与利率的关系,这些国家债务越高,他们的利率其实越低。公共债务越低的国家,利率反而越高。原因是什么?可能有老龄化的原因,但是还有一个原因可能和贫富差距有关。贫富差距大的国家,可能利率更低,公共债务更高;贫富差距小的国家,利率相对高,公共债务小。

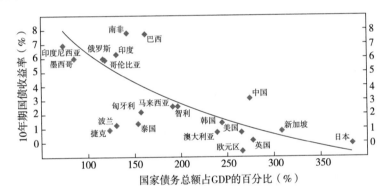

注:图中数据截止到2020年第一季度。

图6.15 国家层面债务与利率的关系

资料来源:BIS。

在过去700年全球的利率都是从高走低的。其实在人类历史上绝大部分时间经济都是低增长甚至是负增长,通常在战后会有高增长、高通胀的经济现象,而正常情况下的通胀绝大部分时间都是负数,因为在农耕时代丰收就会通缩,歉收则会导致通胀。

现在利率为什么这么低，核心原因就是储蓄大于投资。如图6.16所示，日本、欧元区、美国都是私人储蓄大于私人投资，那么利率必须降低，如果利率为正，就永远没有办法解决这个问题，现在日本和欧元区实行了负利率，美国不愿意实行负利率，而愿意采取刺激通胀的方法。

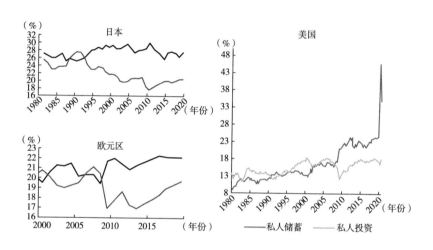

图6.16　发达国家私人储蓄大于私人投资

资料来源：AlpineMacro。

图6.17是2019年的数据，过去40年全球的有效利率水平越来越低，但是存在美国金融机构中的储蓄则越来越高，科技公司又恰恰是这部分储蓄的主力，他们赚到的钱大部分被用来储蓄。相对于同样规模的传统实体企业，科技企业的招聘和投资都远远比不上他们。过去由于全世界经济呈现低增长，很多国家都鼓励科技发展，希望科技能够带动生产力，带动整个实

体经济的腾飞,但是经过20年,大家发现这个美好的愿望并没有实现。最新研究发现,高科技企业实际上对经济的贡献远远不如过去的实体企业,比如说美国通用汽车、万国商业机器公司(IBM)、波音飞机这些传统的制造业带来的就业、销售都比现在的谷歌、脸书(Facebook)和亚马逊多。原来人们认为科技企业让我们的生活变得更加有效率,但现在有迹象表明他们越来越垄断。过去放松监管的时候认为是由于监管的放松带来了经济的增长,但是现在监管未变,而经济没有增长,反而是科技公司的垄断越来越明显,对信息市场的操控越来越明显,对选民价值观的影响越来越大。这样的话,美国对高科技企业不仅存在经济问题,也存在一个政治问题,最大的20家企业和每个行业中最大的4家企业,他们对其他实体企业的贡献以及在供应链上的贡献,要远远小于历史上其他的实体企业公司。

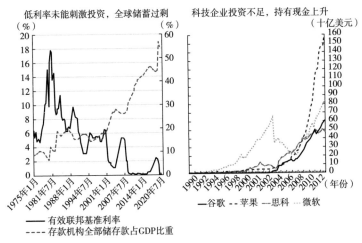

图6.17　全球储蓄过剩,企业投资不足

过去我们认为发展科技企业会带来劳动生产力的提高，其实完全是反的，过去的大企业劳动生产力是提高的，而现在科技企业的劳动生产力反而是低的。

我认为疫情带来的复苏很有可能在2021年会发生反转，这种反转已经发生了一个多月。在历史上经济复苏的时候，与其他公司相比，大公司复苏的程度往往较小。比如标普500指数包含的500家公司，在过去几次大的萧条和衰退之后，后495家公司比前5家公司的复苏明显，但是2020年的情况是恰恰相反，前5家科技公司的反弹要远远大于其他的公司（见图6.18）。预计2021年随着疫情的冲击减弱，经济复苏，资本市场将出现明显的K型反转。2020年受益于疫情的板块可能出现程度不等的回调，具体回调程度与其他产业政策，如反垄断政策密切相关。当然，也不排除在疫情持续和企业盈利超预期表现下，K型分化会持续。资本市场的实际表现可能更加复杂，发生反转再反转的可能性很大。

疫情过后未来的世界有可能发生很多情况，贫富差距是否会缩小是我们面临的问题。疫情使贫富差距增大了，从而可能会使我们面临20个D难题的一部分，像利率问题、增长问题、通胀问题将更加麻烦。但是另外一方面中美都在强调要缩小贫富差距，中国已经领先于美国开始进行对科技企业和金融企业的监管，所以2021年应该是严监管的时代。虽然中国和美国有很多的冲突和争论，但是如果能够在缩小贫富差距和对高科技企业、金融企业进行严监管方面达成共识，我想中美之间的冲突和争议相对来说会有所缩小,以及在价值观和民主的悖论方面的冲突将来相对也会有所缩小。

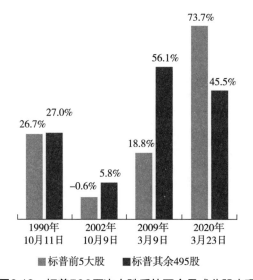

图6.18 标普500历次大跌后的五个月成分股表现

全球价值链中的风险、回弹与再平衡*

华强森　麦肯锡全球研究院院长

我主要强调在全球贸易以及价值链当中的风险。我知道人们现在关注眼前的一些状况，因此我将从现状谈起。

联合国贸易与发展会议给出的一些数据显示现在的贸易情况并不好。2020年上半年，各个地区的贸易，不论是进口还是出口，全部是下跌的状态。总的来说，中国和世界其他一些地区的情况完全相反。汽车行业、能源行业在第二季度下降了50%，2月的机械和纺织也在下降。但实际上，中国在第三季度出口上涨了9%，而且进口提高了13%，是很了不得的数据，这是因为中国的防护用品出口使得这个进出口下降的状况有了很

---

* 2020年12月4日，上海发展基金会和德国艾伯特基金会联合举办"2020年上海全球金融论坛：疫情冲击下的全球经济和金融——影响、含义和必要的调整"国际研讨会。本文为华强森（Jonathan Woetzel）先生在研讨会上的发言。

大的改善。总的来说，贸易数据在行业之间的变化很大，在季度之间的变化很大，在国家之间的变化也很大。贸易数据在整个世界的价值链上都发生很大的变化。我们可以看到现在的风险主要来自疫情的影响。

我们也要看一下有关的脆弱性，或者是没有准备的易受攻击性，易受攻击的弱点有两个，一个是风险暴露，也就是说，你有更多的资产，你的经济就更多地暴露在价值链面前，你就更容易受到攻击。另外一个就是看门槛，一旦达到某一个门槛，就要看一下你的金融是否有足够的适应力，供应链是否有很好的抗冲击性，从而判断最后是否可以应对过去。我们知道很多国家都以不同的方式在应对。在以往的10年中，不少国家都变得越来越全球化了。二战之后的50年，全球经济一路高歌猛进，一直到2008年才真正发生了一次大的衰退，问题是现在这次衰退较之而言更大，所以说这个世界会更加不稳定。但是另外一方面，大家联系得也更紧密，从这个角度来说，危机的传染度也会更大。不同情况对于供应链或者是其他的高科技等的冲击大小各不相同，有一些可以从容应对，有一些则可以通过改变规范来加以应对，这样的冲击相对是可以预测到的，比如气候变化带来的冲击。

还有一些就是无法预测的，比如说地震、恐怖主义、气候变化诱发的因素等，这些是无法应对或者是无法预测的。有一些冲击比较大的，像是这次新冠肺炎疫情的大流行就是一次没有预测到的大冲击。在这种状况之下应该怎么做，大多数公司

第六篇

重建世界经济：困境和途径

会说我们一两年当中都会遭受一两个星期停产的影响，五年中可能会受到一到两个月影响，这种已经很常见了，从这个角度来说人们显然能比以往更好地应对或者更有思想准备来应对这种可见或者不可见的冲击。

我们为此做了一些分析，包括汽车、通信、电脑行业等，分析它们可能会受到什么样的冲击。比如说网络攻击，物理意义上的冲击等，冲击各不相同，对各个行业部门的影响也不一样。有的是普遍影响，比如说贸易纠纷会影响所有的行业。还有半导体行业，主要是地缘政治和贸易会受到影响。比如说对于处在地震带的国家以及很容易受到贸易影响的国家，它们显然更容易受到影响。虽然说日本这样的国家受疫情影响不那么大，但是他们处在地震带，而且处在中美贸易的影响范围之内，所以它更容易受到影响。

我们在这里进行各种分析，可以看到公司在一定程度上都会受到影响，最多可能有50%的盈利会受到影响，在这样的情况下就必须关注这样的冲击。我们可以看一下20世纪90年代，当时没有这样的情况，为什么现在会出现这样的情况？那是因为我们曾经以为一切都是稳定的，这实际上是一种幻想，现在世界上有很多干扰和冲击。有93%的公司有足够的适应力以及足够的抗冲击力，他们通过牺牲短期的效率来提高长远的应对性。因此这些企业并不完全按照市场要求行事，市场只是说现在需要花更多的钱，钱花在哪些方面，他们可以自己决定。比如说寻找更多的供应商，增加存货，可以看到库存在所有的供应链上都在增加,也需要增加供应商的数量,我们需要找到一些贴近我们的供应商,这样才能提升我们的韧性和抗压能力。另外我们要区域化和合理化,这样才能出现存货增加的趋势。

另外,现在大家强调,要把供应商放到自己的附近而不是改变企业的生产地点,这是一种新的趋势。在不同的行业,比如说消费品行业、医疗卫生行业等处于上升态势、发展前景比较好的行业,还会在海外有更多的供应商,但是像其他行业则开始要回归本国。另外亚洲其实是发展变化最大的地区,而且正在向区域化的趋势靠近,我们认为亚洲作为一个地区,区域内的贸易基本上已经达到了整个欧洲的规模。经历了两次大战之后,欧盟也加速了欧洲地区的发展。亚洲不需要成立共同体,但是区域内贸易流动的趋势基本上稳固了,尤其是《区域全面经济伙伴关系协定》(RCEP)协定的达成,我们认为亚洲会成为经济一体化的主体,而中国会在其中发挥更加重要的作用。

在过去 5 年中,我们也看到贸易越来越区域化,亚洲国家份额越来越重,另外,亚洲有一些地区确实在这个发展过程中失利,但是亚洲大部分的国家还在增加其份额。像菲律宾电器设备行业发展,甚至超越了中国,但是总体而言还是在亚洲范围内进行转移。

那么未来会发生什么样的趋势?这是我们的一个估测,是未来变动的规模。可以看到全球贸易流动达到 1.2 万亿元人民币,我们认为未来几年金额会达到 4.6 万亿元,量会越来越大,但这是我们的一个估测,而不是现实。未来,接近 5 万亿元的金额会分散到各个行业,包括汽车零部件、机器设备等。这和一些宏观经济有关,但并不完全如此,还和市场的干预政策、国家安全、国家竞争力以及哪些属于基本行业,哪些属于不关系到国家安全的行业有关。市场的变化肯定会由经济因素和非经济因素共同推动,所以我们需要关注这两方面的因素。

总体而言,我们可以看到虽然越来越多的贸易流入亚太地区,但还是有可能流出亚太地区,尽管这个可能性比较小。未来会有越来越多的颠覆、脱钩,会有越来越多的存货上升的趋势。我们研究所有相关的量化,看这个情况在未来是好转还是恶化,看这些企业是否做好了准备,他们能否拥有更强的抗压能力,未来能否承受更高的风险,我们会做各种各样情境的模拟,做一些战略性情境的模拟,最后把我们的量化数据转化为一些具体的建议以帮助企业提升他们的竞争力。我们认为未来的颠覆还会继续,其实只要一参与全球价值链,这就是不可避免的。

经济全球化和国际规则的再审视*

乔依德　上海发展研究基金会副会长兼秘书长

本篇内容是从国际规则的角度看经济全球化。战后的国际经济规则实际上助推了经济全球化,首先我们应该看一下全球化的成效。

第一,它推动了全球经济在战后一直保持较高的增长,1961—2019 年,全球 GDP 的年平均增长率是 7.5%,这个水平是比较高的。尽管美国国内对全球化抱怨很多,但 1945—2019 年美国 GDP 年平均增长率也达到了 6.3%。从图 6.19 可以看到,基本上美国和全球增长是比较匹配的,这是全球化的一个成效。

第二,全球化为发展中国家经济的快速发展、缩小发达国家和发展中国家的距离创造了条件。图 6.20 中,第一阶段没有低收入国家的数据,可以看到差不多在战后每一个阶段,中等

---

* 2020 年 12 月 4 日,上海发展基金会和德国艾伯特基金会联合举办"2020 上海全球金融论坛:疫情冲击下的全球经济和金融——影响、含义和必要的调整"国际研讨会。本文是乔依德先生在研讨会上的发言。

收入国家的增长都高于发达国家增长。高收入国家实际上是在下降,发达国家还在增长,但是增长的速度在放缓。中等收入国家增长最快,也最稳定。低收入国家1972—1997年的增长速度只有1.7%,进入21世纪以来,虽然和中等收入国家增长率有一定差距,但是增长的速度也上来了。图6.20反映了经济全

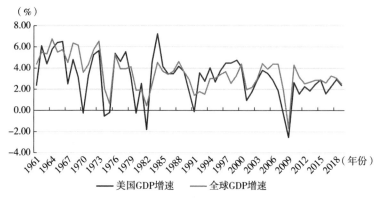

图6.19 1961—2019年美国和全球GDP年均增速

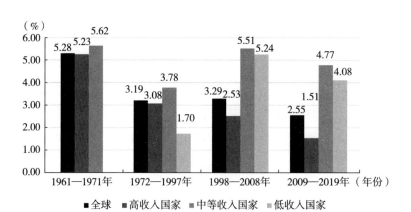

图6.20 1961—2019年不同分组国家GDP阶段性年均增速

资料来源:CEIC。

球化的大格局，即发展中国家在经济全球化中取得了很好的成绩，使得国家与国家之间，特别是发达国家跟发展中国家之间的收入差距有所缓解。

第三，目前全球化处于低潮。这表现在几个方面：一是逆全球化思潮在蔓延。从英国脱钩，特朗普上台的"美国优先"当中就看到逆全球化的思潮蔓延。这种思潮也影响了全球地缘政治。二是一些发达国家对外来投资的限制现在越来越多，特别是美国和欧洲对我们国家的投资有一点儿泛安全化，把什么都看作国家安全，这样就对全球化设置了很多障碍。三是关税此起彼伏。特朗普上台之后，美国和中国打贸易战，多次加征关税。其实美欧之间的关税战也比较激烈，例如空客和波音两家公司之间的争议。另外，对高科技公司的数字税问题，美欧双方现在还没有解决。逆全球化思潮的蔓延，发达国家对外来投资的限制，关税战，这三个情况使得全球的贸易和投资这两年有所下降。

从图6.21可以看出，贸易波动最大的时候是全球金融危机，从2017年开始，2018年、2019年的贸易都是下降的。投资同样如此，金融危机时全球的外国直接投资都是下降的。

我们取得了经济全球化的成果，有正面的也有负面的。现在我概括一下战后国际经济规则有哪些特点。二战后，发达国家，特别是美国，主导设立了布雷顿森林体系、世界银行、IMF、WTO。这些体系和组织制定国际经济规则的格局，推行市场经济，鼓励商品和资金的跨境流动，保护知识产权、鼓励创新。

发达国家主导的经济规则是从自己的利益出发，这是一个方面。比如鼓励商品资金的跨境流动，为什么？因为发达国家的商品竞争力很强，资金也比较充沛。但是另一方面，他们对劳动力的跨境流动是抵制的，在发展中国家当中印度对这一点是最不满的。其实我们知道，人员的跨境流动是消除全球收入差距或收入不平等最好的措施，但是发达国家有自己的考虑。在这些主张中，比如促进生产要素流动产生更大的效益，从经济学的角度来说也没有什么错。客观上它为发展中国家采取外向型发展战略提供了有利的环境。

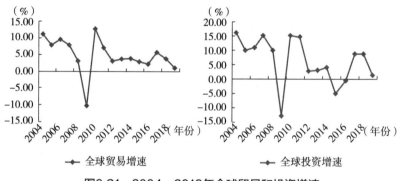

图6.21　2004—2019年全球贸易和投资增速

20世纪80年代，我们国家面临的选择，一个是拉丁美洲很多国家采取的所谓进口替代战略，另一个是"四小龙"和日本搞外向型的发展战略经验，我们国家借鉴了后者。为什么能搞外向型发展战略？因为发达国家的规章制度鼓励我们这样做，同时我们也看到发达国家的市场对发展中国家是开放的。那么大的市场如果不开放，发展中国家包括中国是很难发展的，如果当时强调"内循环",是没有出路的,因为那个时候我们所有的企业都是国有企业,在计划经济之下生产效率很低,国内的需求很低。只有引进外资,让商品走出去,你的生产技术才能得到提高,我们是利用了国际上的需求促进国内的发展。对战后规则,用我们的话来说,是一分为二的,如果当时的国际经济秩序都是坏的,那么我们国家的开放政策也是坏的,此外它还存在一些问题,需要进一步的改革和完善。

前面已经讲到了国际规则要从两个方面看,我进一步讲讲为什么需要对国际经济规则进行再审视。

第一,发达国家国内的经济政治发生了重大的变化。前面也讲到了,美国收入分配的不平等逐步上升,二战之后收入不平等程度大幅度下降,因为肯尼迪政府采取了很多措施,还有工会的力量,使得不平等程度有所下降。到20世纪七八十年代,里根政府推行保守主义政策了,比较强调经济效益,对其他方面考虑不多,因此很多美国企业进行外包,把很多重要的工业产业转移到国外去。所以,很多美国人把现在的情况怪罪于中国,我觉得有点儿颠倒,这些情况并不是发生在中国加入WTO之后。

第二,科技进步日新月异。互联网出现以后,在国内和国际上产生了两个效益,国内赢者通吃,形成垄断,国际上对整个国际经济秩序、经济规则带来了新的挑战。对这个挑战可以从两个角度进行考虑。一个是主要国家或地区,像美国、中国、欧洲,都有大科技公司带来的垄断,一方面鼓励创新,鼓励发展,另一方面带来垄断。每个国家怎么处理,怎么对待高科技公司,都是有国际效应的,并不是说单纯国内怎么做。比如欧洲对大的科技公司征收数字税,你在我们这里运行,但是利润回到美国国内,税都交到美国国内,这个问题还没有解决。数据跨境交流大幅度增加,使得国际经济秩序需要进行某种改变。

第三个原因是发展中国家,尤其是中国经济的崛起对过去的国际经济规则带来了挑战。一方面,发达国家经济增长速度下降,人均 GDP 的差距减少,发达国家对以前有利于发展中国家的规则感到不满意,要进行修改,这个可以理解。另一方面,发展中国家起来了,对现有规则中对发展中国家不太有利的方面也表示不满,要求修改。再加上中国的社会制度跟其他国家不一样,有些东西在国与国的层面上会带来一些复杂性,比如说我们国家有比较多的国有企业,政府应该怎么对待国有企业,在我们国家还是一个问题。国际经济规则再审视有以下几个角度:

第一,有些比较好的规章制度应该坚持,尤其是对发展中国家比较有利的。我要对一个说法提出不同意见,就是所谓的"三零"。最早特朗普提出,美国和欧洲"三零":零关税、零壁垒、零补贴。我们国内也讲"三零"是我们的目标,如果中国做到"三零"就是第二次入世。我不同意这个说法,这有一点儿乌托邦。而且最根本的是,它直接违背了战后确立的一个重要原则,就是对发展中国家采取特殊差别的待遇。为什么发展中国家能够起来,就是因为这一条,如果没有这一条,发展中国家崛起是不可能的。最近 RCEP 通过了,大家都比较关注,该协定序言明确指出"顾及不同的发展水平,对适当形式灵活性的需要，包括对特别是柬埔寨、老挝、缅甸以及在适当情况下对越南提供特殊和差别的待遇，对最不发达国家和地方提供额外的灵活性"。比如说在原产地、市场准入、国民待遇、技术转让以及降低关税等方面都对这些比较不发达国家更为宽待，有的是期限拉得更长，有的是降低关税，我觉得这个原则还是要坚持的。

第二，有些规则应该是可以修改的，以适应发展中国家的崛起。比如WTO基本上是靠大家的共识来推行的，每个成员国都有权说话。有些规则是可以修改的，比如对不那么重要的问题，大多数问题投票就可以决定，重大的问题则要一致同意。

第三，有些规则是新定的。比如前面提到的数据跨境传输，欧盟2018年制定了一个通用数据法案，国际上大家认为还不错。另外，每个国家对数据的安全、保存、所有权都有不同的规定，以后要进一步经济全球化，这些规则要逐步成为国际惯例，要大家都认同。另外一个就是比较热门的数字货币，数字货币是一件好事，可以研究，但不要夸大，现在自媒体上的文章90%以上都是夸大的，特别是在跨境使用方面。另外，七个发达国家成立了工作组，要研究CBDC的技术标准，这方面我们要注意。我引用一下2020年11月1日习近平主席在《求是》杂志上发表的一篇文章，其中说到"我们国家要积极参与数字货币、数字税等国际规章的制定"。

最后讲几个大家比较关注的问题。

第一，平等和效率的问题，这是一对矛盾。联合国宪章在序言中明确规定所有国家平等,但是在很多场合中却很难这样落实,比如说 IMF 并不是一国一票,而是根据你的配额决定投票权。

第二,主权和超主权。如果每一个国家都强调主权,那么国际经济规则就很难执行,因为这要求一些国家让渡部分主权。这两者怎么平衡很重要。

第三,要注意国内利益和全球利益的关联。特朗普执政时特别强调"美国优先",而且在联合国大会上公开批评所谓的全球主义,如果每个国家都这样考虑,也是有问题的。我们国家也要考虑我们自己的一些做法和说法在国际上的影响,考虑是否符合其他国家的利益。

第四,要考虑双边和多边。由于多边回合 WTO 没有成功,所以现在很多都是地区级的条约和双边条约,这会带来碎片化的情况,使得以后全球性的条约很难落地。但是有时候多边协议也会有利于双边,RCEP 就是一个很好的例子。RCEP 奠定了一个很好的基础,中日韩的双边贸易就容易谈了。

总之,国际经济规则和经济全球化是有关联的,除了要看到实际发生的经济全球化过程,包括商品和产业链等,还要看到其背后的经济规则。中央关于"十四五"规划建议中明确提出"要积极参与全球金融治理体系改革,积极参与数字领域国际规则和标准制度",我们国家现在进一步开放的面很广,其中有一条就是要遵守国际规则,并积极参与制定,开放引进。